THE

HIGHLY
SENSITIVE
PARENT

THE

HIGHLY
SENSITIVE
PARENT

THE

HIGHLY SENSITIVE PARENT

THE
HIGHLY
SENSITIVE
PARENT

高敏感父母

高敏感，讓你成為更好的父母

Elaine N. Aron, Ph.D,
依蓮・艾倫博士——著
丁凡——譯

THE HIGHLY SENSITIVE PARENT

獻給所有辛苦努力的父母們：
沒有你們，我們不會在這裡。
特別獻給高敏感的你，
為了你帶給親職的深度。

推薦文

《高敏感父母》——讓你演齣家庭好戲

王意中／王意中心理治療所所長
臨床心理師

每個家庭裡，無時無刻都在上演，一齣又一齣的親子大戲。劇中，父母與孩子，往往設定為雙主角。有衝突，有疏離，有冷漠，有溫馨。

當中，父母身為編、導、演。對於故事的內容，情節的發展，角色的設定，親子之間的互動，家庭動力如何演變？有著舉足輕重的決定性影響。

我們需要清楚知道自己與每個角色之間，關係該如何拿捏，對話該如何進行，我們的表情、動作、想法、觀念，將如何地設定。而在編寫與演出這劇本，如何詮釋好，父母，這關鍵角色，也決定了這齣戲的收視率，是否成為一部精采的大戲。

高敏感父母的角色，總是能讓親子關係，非常立體化的呈現。特別是，當自己清楚，對周遭的人事物之間的了解，敏感、細膩，又深刻。我們敏感於自己的所思所想，以及經常的自我覺察，所說的話，一舉一動，對於自己，與孩子可能產生的關係維繫與變化。

親子關係是一段非常細膩的互動歷程，幾乎是以「秒」為單位，一格一格，分隔來看。當然，身為高敏感父母，會讓自己更加地悠遊在這互動的關係中。

然而，高敏感父母對於完美的追求與設定，自然而然，相對其他家長來說，總是偏高。且很容易自我要求，得時時保持在需要完美的狀態。因為如此，高敏感父母所承受的自我壓力，也水漲船高。只是，對於期待的落差，現實與理想的距離，而感到心疲，挫折與無力。

試著接納自己的部分有限，與不完美。我喜歡保持著80%的完美，另外存在著20%的有限。這樣的組合，讓自己能夠有餘裕，來了解眼前，隨著年齡的發展，呈現不同樣貌的孩子，適時提醒自己，該如何地來因應與修正。

在這過程中，因為自己的高敏感，也更加地需要善待自己，放過自己，避免過度自我要求，與設定許多的「我應該」。讓自己能夠維持在一個好的身心狀態，也讓這個好的狀態，感染到親子關係的維繫。父母ＯＫ，孩子ＯＫ，親子關係也ＯＫ。

閱讀《高敏感父母》這本書，讓讀者能夠重新審視自己的身心特質。藉由書中，詳細的說明、舉例，更加地善用自己的高敏感特質。讓自己在親子關係、教養上，充分發揮快狠準，又能細膩，優游自在。

我們繼續在編寫親子關係一部劇本，每日一集又一集的上演這一齣連續劇。也欣喜有《高敏感父母》這本書的引導，讓我們能夠更加地精采綻放，屬於我們的高敏感特質，並在教養上，發揮得淋漓盡致。也讓自己能夠清楚了解，與掌握親子關係的劇情走向、戲劇張力，與優雅面對故事的高潮迭起。

我們都在演戲，繼續演人生的這齣戲。

《高敏感父母》必看的好書，推薦給你。

推薦文

父母的休息與修習

曾心怡／初色心理治療所副所長
臨床心理師

我常在晚上的時間寫稿，原因是白天有臨床工作，下班時要照顧孩子，晚上就是我沉澱與補足自我的時刻。一天下來，累人的往往不是體力上的付出，而是思考與情緒上的負荷。舉凡孩子寫作業拖拖拉拉，手足之間沒有停止過的爭執，承擔著各種教養情境所引發的情緒。等孩子睡了，你可能腦袋倒帶著，想著剛剛和孩子的不愉快有沒有更好的處理方式。

在坊間，你可以找到各種教養資訊，陳述著孩子的各種狀況，父母可以應對的方式。例如：高敏感特質。許多父母苦惱於如何好好陪伴他們的高敏感孩子，包含孩子在情緒表達上的強度，知覺與想法上的細微，都讓高敏孩子的父母花上加倍的心力去探索、理解，也嘗試要在自己與孩子之間做一些改變。

如果今天你是一位擁有高敏感特質的父親或母親呢？

身為高敏特質父母，在面對孩子的單一行為，容易有各種聯想不斷湧出；你可能對於孩子的情緒反應，在其他照顧者還沒覺察到時，就已經站在孩子的位置感受；你也可能容易受不了孩子們的所發出的聲量。這些過程令你感到筋疲力盡，更有可能的是：無法接受自己的筋疲力盡。因為身為高敏感的個體，在成長的過程讓你很清楚知道，親職對於孩子心性發展的重要性。因此，當你在父母這個角色上的自我要求越高，你越會耿耿於懷自己在教養上的每一步是否如自己所期待。

你可能從各種教養資訊中，找不到屬於高敏父母疲憊與無力感的解方。

在所有的教養心法裡，對我而言最重要的就是認識與接納情緒，不論是自己的或是孩子的。在《高敏感父母》一書中，直接點題：**這本書本質上是要教你如何降低過度刺激，找出更多時間休息，學會自我照顧，成為一位你能夠成為的最好的父母。**因此在這本書裡，你會發現作者沒有要高敏感父母一定要遵循什麼樣的教養方式，而是學習從怎麼調節自己開始。高敏感父母要怎麼調節自己的情緒呢？書中幫大家分享了五種策略：

1. 接受你的感覺。
2. 不要為任何感覺感到羞恥。
3. 相信你可以像別人一樣應付得很好。
4. 相信你的負面情緒不會一直持續下去。
5. 一定有希望——你最終能夠做些什麼，以處理你的負面情緒。

皮克斯動畫在二〇一七年所推出的電影《可可夜總會》，小男孩米高熱愛音樂，也希望得到家人的認同，然而家族中有一段和音樂有關的傷心事，阻礙了家人對米高的支持。故事的最後祖太婆對米高說：「你有我的祝福，沒有條件。」這是在祖太婆突破了她自己在家庭中所承受的痛苦與憤怒後，開始能夠給予孩子無條件的支持。這部動人的電影也描繪出了每個人在成為父母之前，都帶著各種承受所形成的經驗，而高敏父母們的經驗又是那麼地細緻且深刻。經驗會內化成我們接看待世界與養育孩子的方式。因此，我們需要休息與停頓，讓各種教養現場的情緒不要積累成過大的疲憊；我們也需要覺察與修習，認識我們自己，也認識孩子的需要。

然後你終將發現，原來高敏感真的能幫助我們成為更好的父母，更完整的自我。

目錄

第8章 再談敏感父母和伴侶：在困難問題上取得進展——301

前言

高敏感，使你成為更好的父母

所有的父母都覺得親職很困難。根據我們的研究，在英語系國家中的高敏感父母覺得更為困難。好消息是這些高敏感父母也同時表示，在許多方面，他們對孩子更能心領神會。

所以，現在的問題就是：你是否高敏感？如果你不確定，請翻到本書的〈自我測試〉，看看自己是不是屬於高敏感族。如果你是高敏感，身為父母，高度的領會力就會是你最大的資產。本書目標是協助你運用你的長處，使親職工作比較不那麼困難，並更為愉快喜悅。（先說清楚：這本書不是關於如何養育高敏感孩子，這個在《孩子，你的敏感我都懂》〔*The Highly Sensitive Child*，繁中版由遠流出版〕一書中已經討論過了。這本書是關於高敏感的父母本人，無論孩子是否高敏感。）

無論是否為高敏感父母，所有的父母都覺得時間不夠用。但是如果你是高敏人，你必須比其他父母更為謹慎地運用時間。根據研究，身為高敏人，你會更容易受到過度刺激。所以，除了花在親職上的時間之外，你需要更多安靜休息的時間。如果沒有足夠的休息，你會易怒、痛苦——這時候根本無法對孩子心領神會了。本書深知你的時間寶貴，會專注在你最需要的資訊上。

如果你對於高敏感特質的現實狀況還有任何懷疑的話，第一章就很重要。我總是說，高敏人需要真心相信自己是高敏感一族，對於父母，這一點尤其重要。第二章是關於如何適應過度刺激。這也很必要，因為過度刺激是高敏人的罩門之一。第三章是要協助你明白我深深相信的：**高敏感父母養育孩子時，需要協助，而不是如我們所看到的其他人一樣，自己堅強地獨自面對。**

第四章是關於做決定。我們這些高敏感父母會比一般父母更常表示，最困難的一件事情就是當我們有很多選擇、事情很複雜時，總是想要做出最好的決定。第五章是如何管理你的情緒。你的情緒比別人都要強烈，在親職的每一個階段，情緒都會一直被激起來。你需要讀這一章，除非你可以完全控制自己的情緒。（你和我都微笑了。最好是啦！）

第六章專注於親職的諸多社交場面。即使你是外向型（30％高敏人是外向型）也會有所幫助。毫無疑問，對大部分的人而言，和別人相處都是最大的情緒刺激，因此也有可能讓高敏人受到過度刺激。最後兩章，第七章和第八章，討論一起養育孩子的伴侶關係，對於單親父母同樣很重要。當我們討論親職如何影響你和心愛的人的相處，同樣的原則也可以應用在任何的親近關係上。

請記得，我的目標是讓讀者可以快速閱讀本書，因此沒有寫許多親職書籍和自助書籍中慣用的感人故事。這些故事往往是將好幾個真實故事融合起來：「當珍妮生了第一個寶寶……」我用的則是真正高敏感父母實際說過的話。他們說的話會以不同的格式編排（楷體），如果你只想讀資訊和建議的話，可以跳過去。但是這些故事（稍微修潤了一下，使之更容易閱讀）出自你們的支持團體（可以這麼說）的成員，你可能會發現，他們的話比其他資訊更有幫助。

本書大部分是在討論高敏感父母最常面對的問題。畢竟，我們不需要修正高敏感父母原本就做得很好的部分。但是請記得，我們的研究（調查了超過一千兩百位父母）顯示，你有潛力不但可以成為好父母，還可以成為很棒的父母。我們發現在統計上，像你一樣的高敏感父母比一般父母更可能體驗到更多的情緒反應、與孩子更為調和。研究中，這兩個特質十分突出。**調和的能力讓高敏感父母更能深刻了解孩子的情況，更能為孩子做出好的決定。**

調和能力如何幫助親職表現呢？舉個例子：父母總是在面對眼前的問題，例如：「現在他需要安靜一下，還是他累了或餓了所以才胡鬧？」、「現在是教他規矩的時候，還是應該等一下，讓我們都先冷靜一下？」、「她十五歲，我應該信任她會做對的事情，還是應該禁止她去？」做出正確的決定會影響全家人，不但影響眼前，也會有持續的影響。根據研究，一般而言，高敏感父母通常會比其他父母更擅長這一點。

當我在一九九一年開始研究敏感度時，我搜尋研究文獻中的關鍵字「高敏感」或只是「敏感」，我發現「敏感」一詞只會被用在兩個地方：描述資優者，或是親職表現最為成功的父母。我不認為這些研究者指的一定是高敏感的特質，因為那時候還沒有「高敏感」的定義。但是在一九七九年的時候，他們已經發現，如果父母敏感（可以有效測量），孩子會獲益。後續更多研究也支持這個結論。對親職的了解越多，我們越知道成功親職表現的關鍵是調和與有反應，即使是為孩子設定合理限制的時候。

本書許多言論背後都有研究作為基礎，你可以在書末的「參考資料」找到注解，按照每一章的順序排列。如果你還沒有讀過《高敏感族自在心法》（*The Highly Sensitive Person*），我會建議你一有時間就讀。這本書出版於一九九六年，我一再地從讀者那邊聽到「這本書改變了我的人生」。如果你很久以前就知道自己是高敏人，歡迎回到我們的社群，高敏感父母的社群，而我已經是高敏感祖母了！

自我測試　你是高敏感人嗎？

根據你的感覺回答每一項。如果至少有一點對，請在□中打勾；如果有一點不對，或是完全不對，就不要打勾。

□　1強烈的感官輸入很容易讓我受不了。

□　2我可以注意到環境中的細微事物。

□　3別人的情緒會影響我。

□　4我對痛覺很敏感。

□　5日子忙碌時，我會需要退縮到床上、黑暗的房間裡或任何我可以獨處的地方，逃避刺激。

□　6我對咖啡因很敏感。

□ 7 很亮的光、很強的氣味、粗的布料或近處的警笛聲很容易會讓我受不了。

□ 8 我有豐富、複雜的內在生活。

□ 9 很大的聲音讓我不舒服。

□ 10 我會因為藝術品或音樂深深感動。

□ 11 我的神經系統有時讓我覺得很毛躁，我必須獨處。

□ 12 我很有良心。

□ 13 我很容易受驚。

□ 14 短時間內必須做很多事情時，我會慌張。

□ 15 環境中有人感到不舒適時，我通常知道需要做什麼讓他舒適一點（例如調整燈光或座位）。

□ 16 如果有人要我同時做太多事情，我會感到惱怒。

□ 17 我會努力避免犯錯或忘記事情。

□ 18 我刻意避免看暴力電影或電視節目。

□ 19 身邊有很多事情同時發生的時候，我會變得激動、不舒服。

□ 20 很餓的時候，我會反應很強，無法專心，情緒也會不好。

□ 21 生活中的改變令我不安。

□ 22 我會注意並享受微妙的香味、食物、聲音和藝術品。

□ 23 同時有很多事情發生會令我不愉快。

□ 24 安排我的生活時，我會優先避免讓我不舒服或受不了的情形。

□ 25 強烈刺激讓我不舒服，例如很大的聲音或亂七八糟的情況。

□ 26 當我工作時，如果必須競爭或被人觀察時，我會變得很緊張不安，表現會比平常差。

□ 27 小時候，我的父母或老師覺得我很敏感或害羞。

計分

如果你勾選十四個以上的項目，你就可能是高敏人。高敏感男人勾選的項目可能少一點。老實說，沒有一個心理測驗能夠正確到值得根據測驗結果過日子。學者試著設計好的問題，然後根據平均結果決定分界點在哪裡。如果你勾選的項目少於十四個，但是這幾項都極端強烈，你或許也可以算是高敏人，尤其如果你是男性的話。

第 1 章

深一層地看

身為高敏感父母是什麼意思？

讓我們以簡單的事實開始：高敏感是天生特質，大約占了人口的20%。你可以稱之為成功的替代性生存策略，因為在一百多個物種當中都發現了類似的高敏感百分比。關於高敏感的研究很多，人們對此概念已經有很多的了解。本章會讓你看到這一點。科學家也稱之為「感官處理敏感」（sensory processing sensitivity），和「感官處理異常」（sensory processing disorder）沒有關係。高敏感的主要表徵就是處理資訊時，比別人更為澈底，或者說是「對環境高度敏感」。每個人對環境的敏感度都不同，高敏人就是對環境特別敏感。

如果你已經做過前面的自我測試，你可能開始看出你是屬於高敏感的少數人，或是你早就已經知道了。無論如何，你現在會學習到，身為高敏人，親職工作會如何變得更困難，如何適應、好好利用高敏感特質。

第一章的目標是讓你真實感受到你的高敏感特質。你可以讓別人也閱讀這一章，他們會更了解你。這一章針對高敏感特質提供簡短但完整的說明，以及相關研究。

研究：「我的敏感很好，但是……」

我在介紹中說過了，身為父母，對你最重要的高敏感研究，是我們在網路上調查了超過一千兩百位英語系國家的父母，包括高敏人和一般人。基本結果是：**高敏感父母覺得親職更困難，但是同時也更了解他們的孩子。**

我想先簡短地分別談一談母親和父親的角色。（問卷沒有特別問婚姻狀態，或他們是異性戀或同性戀。）我們有兩份問卷樣本，其中都包括高敏人和非高敏人。第一個調查有九十二位母親，父親則太少了，無法分別進行統計分析，所以我們只看母親的調查結果。兩次調查中的母親結果很類似。

第二份調查有八百零二位母親和六十五位父親。這次，父親的人數多了一些，可以做統計分析了。一般而言，高敏感父親比一般父親稍稍地更覺得親職很困難。但是差異很小，在統計上不夠明顯。這可能是因為直接參與養育孩子工作的通常是母親。和不是高敏感的父親相比，高敏感父親就像高敏感母親一樣，確實表示更了解他們的孩子。雖然參與調查的父親人數不多，高敏感父親的人數更少，但是差異夠大，在統計上可以成立。

撫養高敏感男孩時，特別需要能夠了解孩子，而高敏感父親正是最適合的人了。

一位高敏感父親說：

> 我的敏感協助我兒子打開心房，成為更有愛的成人。我們看許多電影，裡面的男人都很懂得關懷別人，正好可以調節他的朋友喜歡看的暴力電影。

為什麼高敏感父親和非高敏感父親對於親職困難度的評估很接近呢？我們認為原因可能是：（一）參與調查的父親人數太少，無法做出可靠的結論。（二）我們的問卷沒有包括父母是否待在家裡照顧孩子，或是在外面工作。極有可能，這些父親需要上班，和孩子每週相處的時間並不多，不至於像母親那樣覺得毛躁。也可能有其他原因可以解釋為什麼在親職的困難度上，高敏感父親和一般父親沒有什麼不同。

由於父親樣本太少，我們不確定是什麼原因造成父親在親職困難上，產生這樣的調查結果，所以，本書從頭到尾都會用「父母」一詞，而不會特別指出是母親或父親。各位高敏感父親們請記得，平均和一般現象都不代表任何的個人。這些現象不見得適用於你。如果你覺得親職很困難，並不表示你的經驗是錯的。

大約有六百位高敏感父母在問卷後面附上文字。讀過之後，我發現一個句子不斷出現：「一切都很棒，但是……」，例如：

身為父母確實非常棒，但是也非常令人苦惱。而且很難和不是高敏感的人分享這一切。

◆◆◆

我絕對熱愛親職工作，一輩子都想當一位父親，但是我發現自己經常受不了。

◆◆◆

毫無疑問，我會說，身為高敏人，我的親職經驗是我這輩子最棒的經驗。雖然我的努力常常充滿自我懷疑、罪惡感和擔憂，我深深相信高敏感強化了我的整體親職能力。

過度刺激如何影響你的親職表現

這些父母在表達一個悖論：「我表現很棒，我也表現很糟。」

這個「很好卻也很糟」的概念極為重要，我們一定要記得。在我敘述完我們對高敏感父母的研究之前，我一定要提到別人做的一個研究。我猜，還會有更多類似的結果出現。這項研究發現，一般而言，高敏感父母覺得自己的親職表現不夠好，一般父母的自我評價還比較好一些。這是根據他們對親職風格的自述而得到的結論。你可能聽說過這三種風格：一個極端是威權風格，強調服從和嚴格的限制（高標準、低溝通）；中間是理想風格，有權威、給孩子結構與限制，但是採取關愛且傾聽的方式

（高溝通、高標準）；另一個極端是放任風格，很少限制，主要是想討好孩子（高溝通、低標準）。高敏感父母通常會說自己是兩個極端之一：威權或放任，比較少說自己是中間的理想風格。

當然，同一天裡，親職風格會有變化，但是這篇文獻作者的看法與我相同。兩個極端可能並不代表高敏感父母的親職哲學，但是高敏感父母描述自己是兩個極端之一。困難的時候，甚至可能兩個極端都用上了，因為他們經常感到受不了，只能承認自己在困難時刻處理孩子的風格是兩個極端之一。

你可以想像是怎麼一回事。父母可能極需休息，決定當下只能用嚴格的限制了。父母說：「現在是安靜時間。我需要休息。去你的房間玩。我不想聽到任何聲音。」孩子開始抗議。父母打岔：「如果你現在不聽我的話，你知道後果會是什麼。今天晚上沒有說故事時間。現在我要數到三了。不，我不在乎你想要『非常安靜地』在這裡玩。等我休息夠了，會去找你。」

或許父母只是想要一些安靜的時間，願意不計代價地得到。例如，筋疲力竭的父母說：「這是安靜時間。請到你自己的房間玩，我才能休息。」孩子說：「可是，媽咪，我要在這裡玩！」（開始耍賴，然後哭泣。）「不，你玩那些玩具的時候往往很吵。」「不，我會安靜。」「如果你回房間去，或許之後我們可以一起玩。」「不要！我恨你！」（現在尖叫起來）然後父母投降了：「好啦。對，我知道你很難受。好啦，在這裡玩吧，但是要安靜。我說真的喔！」

本書不是要教各位如何當父母（雖然我在第三章會說一些）。市面上有很多關於親職的書，我建議你從中學習。**這本書本質上是要教你如何降低過度刺激，找出更多時間休息，學會自我照顧，成為一位你能夠成為的最好的父母。**這並不容易，目標是擁有更多「很好」的時刻，以及偶爾出現「很糟」的時刻。所有的父母都有「很糟」的時刻。當你繼續讀著這本書，我很有信心，你會越來越能以你天生的調和力、關懷、有合理權威的風格執行親職任務。（我希望有人可以研究一下，當高敏感父母沒有被過度刺激時，親職表現能夠多麼地好。）現在先讓我們看看對於高敏人的研究。

適用於所有高敏人的研究

我們先看一看四項主題的研究。敏感度與四個關鍵特質（DOES）有關：

- **處理的深度**（Depth of Processing）——尋找洞見的強烈欲望，深刻處理資訊的能力。
- **容易受到過度刺激**（Overstimulated）——你已經了解這一點了！
- **情緒反應及同理心**（Emotional Responsiveness and Empathy）——你也了解這一點，但是研究使得這一點更為清楚。
- **更能覺察細微刺激**（Subtle Stimuli）——身為父母，這是無價的資產。

我們將討論關於這四項特質的研究。重點是讓你看到高敏感的現實，以及為什麼雖然高敏感有缺點，卻能讓你成為更好的父母。如果你想知道這些研究的更多細節，可以在書末的參考文獻中找到資料來源。

處理的深度——渴望洞見，反省的能力

深刻處理的意思是什麼？當你給人一個電話號碼，他卻無法寫下來的時候，他可能重複說幾次、找出數字的模式或意義，或是注意到數字和其他事物的相似性，以試圖記住。如果你不用某種方式處理，你知道你一定會忘掉。

高敏人處理一切都更為深刻——不但記住，還要找出其中的關聯，把注意到的事物和過去的經驗做比較，像是在迷宮中尋找新的路徑。這是他們生存策略的本質，所有動物都在遠古時期就演化出這個特質了。無論是果蠅、魚類、烏鴉或紅毛猩猩，敏感的個體會比同一個物種的其他個體更為經常性地、自動地處理（記錄並回應）感官輸入的資訊。

這裡有一個熟悉的人類例子。（從這裡開始，我們會只討論人類父母了。）一個高敏感的新手父母看到嬰兒車從面前經過，可能冒出十幾個想法：可能的費用、各種附加的設計（飲料杯架、遮陽板）、如果翻車會怎麼樣、推車的人的細節、閃電般快速地和其他嬰兒車做比較。如果她已經有嬰兒車了，可能還是會做比較，想著自己是否買對了。非高敏的父母可能根本沒有注意到這輛嬰兒車。

我們的問卷中，高敏感父母特別同意其中的兩個項目：「親職決定（學校、買孩子的用品等）快把我搞瘋了」和「身為父母，我想我做了很好的親職決定」。你看吧。

高敏感父母不會每次都難以做決定。畢竟，如果我們仔細觀察情況，下次可以運用這些觀察，在新的情況下，可能比別人更快知道要怎麼做才對。有時候，雖然我們不知道為什麼，但是我們就是會知道怎麼做決定才對。這是直覺，而高敏人的直覺非常強（但不一定可靠！）。直覺是潛意識深刻處理的結果。問卷中有自由書寫的部分，高敏感父母常常提到自己的直覺。問卷本身有一句，高敏人比其他人更為同意：「我往往知道孩子需要什麼，甚至在孩子告訴我之前就知道。」

深刻處理的另一個結果是良知。你可能更會考慮自己的行為後果，例如，如果每個父母都在樹叢下丟一個髒尿布，會怎麼樣？或是如果接孩子的時候，每個父母都在學校前面並排停車，會怎麼樣？你可能比大部分的人更注意到其他父母不體貼別人的地方；也就是說，那些父母沒有考慮到（注意、反省、處理等等）他們為別人製造出來的問題。但是你有能力深刻處理資訊，更能做出正確的事。

對深刻處理的研究

研究比較了高敏人和其他人在執行各種感知及資訊處理任務時的腦部活化現象，結果支持高敏人處理資訊較為深刻的現象。在第一個、也可能是最重要的一個研究中，傑紀亞．傑蓋洛威茲（Jadzia Jagiellowicz）領導的紐約州立大學石溪分校（State University of New York, Stony Brook）團隊發現，高敏人更為運用腦部和「更深刻」的資訊處理有關的部分，尤其是在執行任務時需要注意到細節時。接下來是我丈夫亞瑟．艾倫（Arthur Aron）領導的史丹佛團隊的研究。根據研究對象的成長文化（互相依賴或獨立），讓他們進行從以前的研究已知更困難或更不困難（也就是說，在腦部掃描中可以看到更多或更少的腦部活化）的感官任務。

但是，無論來自何種文化（東亞裔或歐裔美國人），當高敏人執行任務時，核磁共振造影的結果令人吃驚。非高敏人的腦部活動正如預期，文化可能讓受試對象在執行任務時更為困難，但是高敏人則不會因為文化影響而有所差別。這個結果非常有意思。我認為這表示**無論文化是什麼，高敏人都可以很容易、很自然地超越文化期待，面對事情的「真實面貌」**。

所有父母養育孩子時，都會受到家庭成員和文化的影響。許多敏感的父母提到，別人的建議會困擾他們，最終，當他們看到孩子需要文化中不典型的事物時，會選擇忽視這些建議。我不是說我同意或不同意他們。有些人說他們會讓嬰兒和父母一起睡在大床上，忽視現在對於嬰兒猝死症的警告。當西醫無效時，有些人會試用另類醫療，例如順勢療法或針灸。他們選擇另類學校，或在家自學。他們教孩子另類的價值。當然，許多非敏感的父母也會做這些事情，但是我感覺更多高敏感父母會這麼做。就像核磁共振造影的研究所顯示的一樣，高敏感父母在思考親職選擇時，會超越文化。例如：

高敏感父親羅伯特在中國養育孩子。他仔細研究了懷孕和生產。他的妻子難產，之後需要休息，但是新生兒需要身體上的舒適與接觸。當羅伯特必須出門時，會把孩子用中國式嬰兒巾包起來，帶著孩子到處趴趴走。那個時候，中國男人從不這樣背孩子。羅伯特並不是為了叛逆而這樣做，而是因為他覺得這是最好的解決辦法。不久之後，他家附近的中國父親也這樣做了。他完全忽視文化，用最好的方式養育孩子。

研究者碧昂卡・阿瑟畢多（Bianca Acevedo）給研究對象看情人或陌生人的照片，提供了更多證據，顯示高敏感父母更有能力深刻處理資訊。之後我會針對這項研究多說一些，在這裡，重點是研究再度肯定了高敏人對於感官資訊有著更深刻的處理。和非高敏人相較，高敏人在島葉或島葉皮質有更多腦部活化。腦部的這個部位負責整合經驗，有些人稱之為意識誕生之處。這正是我們期待高敏人會有的現象。

你的強烈情緒反應、同理的連結以及微妙的調和

我跟我的兩個孩子有立即的連結。

◆ ◆ ◆

我可以感覺到我的孩子的情緒，讓我可以精細地養育他們。

◆ ◆ ◆

我可以讀出兒子所有的臉部表情，即使細微到別人都沒有注意到。

即使是在一九九七年我和丈夫一起做的研究中，也發現高敏人表示他們的感覺更強烈。二〇〇五年的實驗中，我們讓學生以為他們在才能測試中表現得非常好或非常差。敏感的學生會受到強烈影響，其他人則毫不在乎。

二〇一六年，首次研究高敏人腦部的學者傑蓋洛威茲進行了一個實驗，給實驗對象看已知可以引起大部分人強烈反應的照片（例如引起負面反應的蛇、蜘蛛、垃圾，

以及引起正面反應的小狗或生日蛋糕）。高敏人對負面和正面照片的情緒反應都更強，也更快就決定自己對每一張照片有何反應，尤其是對正面照片的反應。腦部掃描也看到同樣的效果。有趣的是，如果童年幸福，就更是如此。

當然，身為敏感父母，你是對另一個人產生反應，而不是對小狗或生日蛋糕的照片產生反應。我之前提過阿瑟畢多和同事的研究，讓高敏人以及非高敏人看陌生人或情人表現快樂、哀傷或無情緒的照片。當照片裡的人有情緒時，高敏人會有更多的腦部活動。有些腦部活動發生在鏡像神經元系統。這個系統協助人類和其他靈長類經由模仿進行學習，同時也和同理心有關。

根據這項研究，鏡像神經元系統似乎能夠協助高敏人了解別人的意向及感覺。看到情人的快樂表情時，反應最強，同時，無論是對陌生人或情人，高敏人對所有的哀傷表情也都反應很強。**高敏人情緒反應更強是來自更詳細的情緒處理，而不僅僅是「更有情緒」**。

過度情緒性又是如何？

很明顯地，能夠站在別人的立場想是好的特質，尤其是身為父母的人。但是你可能也在奇怪，比別人更有情緒會不會讓我們更不理性、腦子更不清楚呢？

我有一些好消息。最近的科學模型將情緒放在思考與智慧的核心。情緒給了我們動機來思考事情。如果我們知道要考試了，我們會更努力學習（尤其是高敏人），記得的知識也更多。情緒的主要角色不僅僅是讓我們採取行動，也促使我們思考。以這一點而言，高敏人需要比一般人更多的情緒來處理資訊。

確實，有時候情緒會使人（包括高敏人）不加思考就採取行動，有時候甚至不理性。如果你家燒掉了，或是你以前曾經在全班面前因為不知道答案而受到羞辱，對於眼前某種和創傷經驗有一絲絲聯想的狀態都可能讓你變得非常焦慮，像是：一點煙霧、必須在一群人面前回答問題。身為高敏人，你對正面和負面經驗的反應可能都更強烈。如果你有很多負面經驗，對於類似經驗的持續反應可能有時會干擾你的理性思考，但不會是所有的時候都如此。

有一件事情一定要記住：**對大部分高敏人，親職是一個新的經驗，即使童年有創傷經驗，現在的親職經驗也不會和任何創傷有強烈關聯。**我們發現，高敏人表示，他們現在的親職經驗並不會比一般人更受到自己的童年影響。或許親職反而是高敏人的療癒經驗，給了他們新的信心和喜悅。

更重要的是，我們提過的幾個研究顯示，比起負面經驗，高敏人似乎更受到愉快經驗或成功的影響。在這一點上，高敏人比一般人尤甚。我們可能比一般人更追求重複體驗好的經驗。也就是說，**高敏人比一般人更有動機，能夠覺察到機會並掌握機會。**

例如，高敏感父母可能很早就為孩子申請心目中的好幼兒園。（你的國家可能沒有「幼兒園」一詞，但是在美國以及一些國家裡，幼兒園指的是早期幼兒教育，可能和「托兒」的幼兒照顧不同，其中的各種活動可能缺乏、包括或不同於「照顧」的性質。）高敏感父母會事先想像，如果孩子進了他們心目中的理想幼兒園，他們會有多麼開心，因此動機充分。另一個例子：高敏感父母可能記得去年在雪地中和孩子玩耍的正面經驗，因此特別計劃今年有更多機會在雪地中和孩子玩耍。

還有，身為高敏感父母，大部分的人會廣泛思考快樂是什麼（好的性格和好的關係，而不僅僅是享受和賺很多錢），然後才可以有智慧地引導孩子。我們比一般父母更會為孩子好好計劃，因為看到他們快樂成長會讓我們感覺很好，我們會對一切正面的事情非常敏感，雖然有些日子看起來並非如此。

一位母親在離婚過程（還算合理地正面）中一直出現強烈情緒，以下是她的故事摘要：

南西和丈夫哈爾都有很繁忙的全職工作，除了討論親職事務之外，沒有什麼時間做其他的事。南西發現，工作加上母親和妻子的角色使她累壞了，而且不健康、憂鬱沮喪。簡單地說，就是「隨時可以精神崩潰」。

兩人最後決定離婚，結果反而解決了他們的問題。週一到週五，南西負責照顧兒子丹，讓哈爾有機會休息，哈爾負責週末照顧兒子，讓南西有機會做自己的事情。（我知道，沒有離婚的伴侶為什麼不能這麼做呢？）這兩位父母仍然是好朋友，南西表示他們「尊重共同養育孩子的安排」。甚至在兒子生日時，一起帶他去迪士尼世界玩。

在迪士尼，南西有了一個深刻的情緒時刻。住進旅館房間後，她到大廳和丹與哈爾會面。她看到他們一起站在遠處，臉上帶著大大的微笑看著她走近，她感覺非常喜悅。雖然他們已經不是傳統的家庭，她還是感到強烈的滿足。「我們成功到達了彼岸，眼看會有光明的未來，充滿快樂和成長。丹會有兩個快樂的父母。」看到他們三個人在旅館大廳，臉上都發著光，她知道她永遠不會忘記那一天。她說：「我的敏感將這幅畫面深深刻在了我的腦海。」毫無疑問，她對這個正面經驗的開放態度以及深刻的喜悅，讓三個人都獲益了。

你對細節的更多覺察

高敏感父母往往很驕傲地說到他們如何覺察到微妙的刺激：

我的第二個孩子早產十三週，做了氣管切開術，無法發出聲音，哭的時候沒人會聽見。還好我很敏感，知道她的需要，所以她不會一直哭都沒有人照顧她。

◆ ◆ ◆

我們去了很多大學，想要協助兒子找到一間適合他的學校。我忍不住注意到許多小事情，例如帶我們參觀的學生如何走路、說話和穿著；植物是否健康茂盛；和我們說話的人的表情和音調。最後，我提供我的觀察，兒子自己做決定。他沒有選擇名氣大的學校，而是會仔細照顧到各種事情的學校。我們的兒子在大學中獲得很好的引導，後來進入了他的首選醫學院。

高敏感父母比一般人更能覺察到環境中細微的感官資訊，特別能夠理解無法為自己發言的生物：植物、動物、非常老或非常小的人、有很難診斷的問題的任何人（或任何生物）、語言不通的外國訪客。面對嬰兒和幼兒（還有青少年，他們**能夠**說話，但是有時就是不肯說）時，這是個非常大的優勢。

高敏人對細節的覺察、情緒反應以及深刻處理的能力會互相結合，因此，本章之前引述的關於處理深度的研究也檢視了研究對象注意細節的能力。傑蓋洛威茲的研究比較了高敏人和一般人的腦部，研究對象必須很快地決定哪一張風景照片是之前看過的同一張。有時，照片的差異很容易看得出來，有時差異極細微，例如一排乾草捆中多了一捆，或是柵欄多了一根柱子。當照片有些微差異時，高敏人的腦子確實比一般人的大腦更為活躍。

另一個德國研究讓高敏人和一般人執行一個標準的實驗任務，在大的直線和橫線中，找出藏在各處的字母T和L。高敏人做得更快，也更精準。

對於某些人，這個敏感特質最為明顯。你會注意到每一個細節，可能是愉快的細節，例如：嬰兒皮膚的甜香、晚上孩子睡著時的輕柔呼吸聲，或是陽光灑在青春期女兒的頭髮上。你也會注意到別人沒有注意到的、令人不舒服的事物，例如：孩子張著嘴咀嚼的聲音、伴侶口袋裡鑰匙撞擊的聲音，或是孩子提出要求時夾雜的一絲絲哀號。

同時需要處理這麼多資訊的時候，我們很容易受不了（我們接下來會討論這一點），但是敏感並不主要是關於高度刺激造成的干擾。很大的聲音自然令人困擾，但是高敏人往往可以忍耐，比某些患有無法忍耐刺激的異常特質的人不同。

以我而言，我對細微刺激的敏感拯救了全家人：

兒子很小的時候，我們住在英屬哥倫比亞島上的小木屋裡。一個秋天，我們三個都得了流感。外面很冷，我們一直往壁爐裡添柴火，卻沒有力氣清理壁爐的煙囪——我們不熟悉這項家務事。骯髒的煙囪充滿煙油，很容易被火星子引燃，讓煙囪過熱，然後引燃任何接觸到的木頭。

真的發生了——半夜，我們都發著燒，睡著了。我聽到了什麼。或是我聞到了什麼。無論是什麼，我嚇醒了。我可以從天花板的縫隙看到一絲絲光線，在屋頂下方，原本不應該有光線的閣樓裡。我跳起身，立刻知道發生什麼事了。我叫醒丈夫，抱起孩子，立刻逃出去。當時我不知道如何形容我的經驗，現在我知道是我對微弱光線、聲音和味道的敏感救了我們一命。

整合在一起——幸運的你和幸運的孩子

深刻處理的能力、**情緒反應**和**覺察細微的刺激**三者結合在一起，給了你很大的優勢。（下一章會討論其中的缺點。）

在孩子幼兒時期，敏感的特質會持續協助父母：對各種細微事物的反省、同理心和覺察力——尤其是何時要堅定、何時放過孩子一馬；何時鼓勵他獨立、何時讓改變中的孩子回到依賴模式一會兒。例如，分離焦慮是很正常的現象，當孩子哭著不放我們離開時，高敏感父母會有更大的情緒反應，會特別感到傷心。但是我們知道，孩子發展一些獨立性是有益處的，我們往往特別擅長在孩子的眼淚和話語中注意到細微的線索，知道即使孩子還在哭，我們其實可以離開了——更好的是，我們會知道如何避免這種場面發生。

高敏感母親蘿莉有兩個小兒子，其中一個兒子比較不好帶，她說：

高敏感特質讓我完全知道兒子感覺如何，在事情發生之前，我就知道了。我努力探索問題、尋找解決方法、和他以及家族溝通我們將會使用的策略。整體而言，我對孩子的直覺是對的，我越來越有信心，可以信任我的直覺。

茱莉的高敏感特質如此協助她：

通常，別人都還沒有注意到孩子生病的徵狀，我就已經知道孩子快要生病了。

她丈夫沒有高敏感特質，認為是她想像出來的，但是徵狀出現了，茱莉是對的。

隨著時間過去，過往的成功使我身為父母的自信越來越強，我開始越來越信任自己的直覺。

對於年紀較大的孩子，高敏感父母的貢獻可能比較細微了。例如一位有年紀較大的孩子的高敏感父親，寫到他和孩子之間的深刻關係：

他們和他們的感覺有連結，我認為是因為我經常和他們說話，請他們告訴我他們的感覺和想法。

高敏感度是古老的生存策略

一開始我就說過，許多物種中都有高敏感特質，但高敏感個體總是物種中的少數。高敏感特質一定有其益處，否則在演化中早就消失了。

那麼，為什麼高敏感個體總是少數呢？

部分因為在生物及個人上，高敏感特質都很「昂貴」。你就像是昂貴的豪華汽車，而不是破舊的卡車。你的神經系統非常精緻，使得維持運作的代價也比較高。

在許多狀況下，沒有什麼值得注意的事物。（畢竟，賭賽馬的時候，馬夫穿什麼顏色的衣服並不重要。）但是在某些時候，這個獨特的能力可能為你和你的孩子帶來很大的好處。

還有一個身為少數的原因。

荷蘭的生物學家為了研究這個特質如何演化，設計了電腦模式，比較各種不同狀況。想像一下，森林中一片一片的草地，營養各自不同，但是只有某些敏感的鹿會注意到其中差異。想像一隻鹿（甲）天生就會注意到每一片草地的一切細節，從經驗得知哪一片草地最好。另一隻鹿（乙）天生不會注意到細節，看到任何草地就會去吃。如果草地極為不同，甲鹿就遺傳到了比較好的策略。如果甲鹿是母的，小鹿就會因為母親注意到更營養的草地而獲益。如果草地差異很小，乙鹿的策略就比較好。但是，沒有品質差別的情況會有多常見呢？

為何高敏感個體是少數的真正原因就隱藏在這個背後。如果所有的鹿都注意到哪一片草地最好，就會都去那裡吃草，把草吃光了。這對每一隻鹿都無益，所以不會傳到後代。

身為父母，假設你因為到處開車，注意到了所住地方的城市設計，包括所有的小巷子。這個知識甚至可以是無意識的「直覺」（知道某些事情卻不知道自己如何知道）。或者你像我一樣，即使不需要，都喜歡好奇地閱讀地圖。有時候，你可能覺得這些知識其實沒有用處。一般非高敏人可能認為你有「強迫症」，才會這麼在乎細節。你甚至可能覺得，注意到所有細節讓自己很疲倦。也就是說，這個生存策略有其代價。

現在，假設出城的大街上塞車了。或者，更糟的是發生了大災難，你需要趕快帶著孩子離開。可能手機和導航系統都失效了。災難發生之前，大部分的人不在乎一點點塞車，總是走同一條路。他們覺得地圖很無聊。於是你和少數其他高敏人成功離開了，其他人還在大路上塞車呢！

關鍵是，如果每個人都知道你知道的捷徑，大家就會堵在各條捷徑上。（是的，導航會給大家最佳路徑，但是我猜，高敏人經常會想，如果大家都靠導航開車，即使是捷徑也會塞住。）

當然，大家最終經由模仿，總會學到我們知道的事。例如，許多高敏感父母會很注意營養理論與研究、擔心家裡可能有的毒素、避免設計不良可能讓孩子受傷的玩具。往往，你注意到的事物極為重要，別人會模仿你，甚至因此改變法規。

或許你會注意，不讓孩子接近「野」孩子或某些聲譽不好的老師，或者你讓青春期的女兒學習自衛。你是否發現了你的警覺心確實是有用的呢？通常我們當下並不知道，或許永遠不知道。

「預防」是沒有人會感激的事情。我曾經聽過一位心理醫生說，發經費給明顯有道理的精神疾病預防計畫，比發經費給治療計畫來得困難，因為很難評量預防的效果。這有點像是戴著口哨趕走大象。如果有人說：「真是可笑，這裡又沒有大象。」你可以理直氣壯地說：「那是因為我吹了口哨啊！」

如果你隨時知道孩子在哪裡，就是過度保護嗎？很難說。但是你的孩子確實會比較能夠安全成長，而這就是演化的重點。當然，所有父母都有很強的生物和個人動機，會保護孩子的安全，但是就像鹿一樣，物種中只需要一點點的個體差異，在稍有一點點差異的環境中仔細注意，整個物種就會獲益了。

你們的不同

我已經討論過高敏感父母了，你需要記得，沒有人會完全符合同樣的形象。大家的年紀、財富、文化以及許多其他事情都不一樣。有些人很期待當父母，還想要不只一個孩子。你可能選擇主修兒童發展，或在兒童照顧的產業服務。其他人的心理可能比較矛盾。你可能是為了體驗做父母的經歷而選擇做父母，甚至是為了取悅伴侶。但是養育孩子可能不是你真正的使命。

遺傳是一個因素，控制催產素濃度的基因也因人而異。這個神經傳導物質一開始是在新的母親體內發現的，現在發現在每個人體內都有，包括男人和女人，只是濃度不一。

差異也來自你自己的童年環境（家庭、學校和文化）如何準備使你成為父母。也要看你的家庭是否準備好迎接孩子，以及你可以得到多少支持。另外，也要看你之前的育兒經驗如何，孩子是否容易分心、非常過動、情緒起伏大、衝動、缺乏彈性或堅持。或者孩子也可能很敏感、在嘗試新事物之前非常謹慎、極小的噪音或粗魯對待都會讓孩子不舒服、很容易焦慮。這些極端的個性都不算是異常。只是家長需要更努力，因此非常疲憊，尤其是高敏感父母。

當然，也有其他差異會大大影響親職工作。孩子可能真的有某種疾病或「挑戰」，甚至從一出生就如此。挑戰可能是生理的，例如腦瘤；可能是情緒的，例如躁鬱症；可能是認知的，例如學習障礙或腦部發育異常。

我提到這些，因為我想要為每一位高敏感父母寫這本書，但是我無法照顧到每一個人的需要。

然而，你們在一個關鍵上確實是一樣的。

第2章

適應過度刺激

對於高敏感父母的照顧與欣賞

一位高敏感母親說：

我覺得整個親職讓我承受不住。首先，親職工作永遠停不下來。第二，其他父母的期待。如果我試著像其他父母一樣，我可能存活一天，然後用接下來的好幾個月償還。

另一位高敏感母親說：

我在，也不在。我度過每一天。做飯、付帳單、洗衣服、付司機錢。我像個機器人，執行所有責任所在的任務，因為這是我能夠做的一切了。表面上看起來，我很能幹。可是我不是孩子和丈夫溫暖和安全的堡壘。

一位高敏感父親說：

高敏人吸收了那麼多生命中的事物，就像全速行進的心智電腦。

從我的研究調查來看，很清楚地，高敏感父母比一般父母在親職上感受到的壓力更大、更受到過度刺激。例如，高敏感父母比一般父母更可能同意兩項問卷句子：「我沒有足夠時間休息」和「身為父母，很難睡得夠」。

在我們繼續討論之前，讓我提醒你，高敏感父母不一定、也不總是受到壓力的阻礙。無論壓力是否太大，他們和孩子都比其他父母更為調和。例如，他們會同意以下句子：「我的強項之一是將創意帶進親職工作。」「當孩子體驗到了重要的成功或失敗，就好像發生在我身上似的。」但是創意需要努力。同理心讓人情緒疲憊。這些都很具有刺激性。高度刺激會讓你耗盡能量，你會注意到，因為你會覺得比較沒有效率，也比較不快樂。

我要再說一次：所有的高敏人都很努力地處理資訊，情緒感覺也比較強烈，包括對別人的同理心。在注意細節上，他們比較快，也比較精準。保持敏感了幾小時之後，他們會很累。你無法二者兼顧。

想像自己是電池（我們其實都是電池，都有電化學的神經系統）。如果你用自己的能量保持與孩子調和，就會比其他父母更快用完電池了。一旦幾乎沒電了，你會很脆弱，噪音、雜亂和要求你注意的孩子很容易讓你無法承受。高敏感父母更容易感到壓力，最後承受不住，這只是日常生活而已，尤其是有年紀小的孩子的父母，或是孩子多於一個的父母。

對混亂的研究以及高敏感父母

兩個孩子製造的雜亂令我受不了。除非房子清掃乾淨，我無法感到寧靜。我每天花一兩個小時打掃房子，把東西歸位。

普度大學（Purdue University）的西奧多．瓦克斯（Theodore Wachs）使用高敏表（以及噪音敏感度的測試）檢視雜亂如何影響不同敏感度的父母。他用噪音、雜亂和擁擠來度量家庭。其他關於家長（不一定是高敏人）的研究發現，家庭缺乏秩序和以下狀況有關：父母比較缺乏反應、比較不參與、提供較少的教育刺激、使用比較無效的紀律方式、不認為孩子睡得夠、比較缺乏身為父母的自信心。這並不表示家庭雜亂導致父母無效，或是如果你無法有效控制雜亂，你就是個壞父母。因果關係可能是倒過來的：是無效的父母（可能存在於其他80%的人口中）讓屋子變得雜亂。目前原因不明。但這確實表示，雜亂的家庭更可能存在親職問題。很明顯，瓦克斯也在想，如果父母是高敏人會怎麼樣。

瓦克斯對雜亂與敏感的研究發現，家庭裡的噪音和秩序明顯有所不同，高敏感母親和負責進行觀察和評量的研究者對於家庭的評量卻很一致。高敏感母親對雜亂家庭的觀感**就是**雜亂。如果家裡住的人比較多，或是沒有空間收玩具的話，尤其如此。但是，非高敏的人並不會覺得家庭很雜亂，即使評量出來是雜亂的。這份研究並未繼續評量高敏感父母在雜亂中表現的效度（不是所有的高敏感父母都有雜亂的家），但是我們的研究顯示，比起非高敏感父母，高敏父母至少會認為自己非常有效率。

高敏感父母受到過度刺激的其他來源

除了家庭日常的「雜亂」之外，另一個過度刺激的來源是情緒反應。你也知道，深刻地感覺一切本身就是一種刺激。對許多人而言，最困難的就是無法避免的社交刺激。一位高敏感父母說：

約其他小朋友來家裡玩最糟糕了。又多了一個小孩！

還有，做決定。我聽過年輕父母苦惱了好幾個小時，要選擇哪位保母、小兒科醫生、托兒選擇、幼兒園。高敏感父母會深刻思考要不要回去上班，或是要不要再生一個孩子。

這些都不是小的決定。有時候，這些決定關乎個人價值，但是通常，可以提供協助的資訊**是有的**。今天的問題是找到資訊。你可以花幾個小時在網路上搜尋，才會覺得受到過度刺激或疲憊了呢？（我在第四章會進一步討論這一點。）

你的身體是另一個過度刺激的來源。高敏人會在高敏表上說，他們對痛覺更敏感。例如，所有父母都會有肌肉痠痛的時候，但是高敏感父母可能感覺更深刻。對於高敏感父母，所有的生理刺激都更強烈，包括會議時坐在不舒服的椅子上，背部備受折磨；穿著不舒服的鞋子在遊樂場走來走去；聞到任何臭味。

複雜的事情也是過度刺激。當你試著了解複雜的指示、記住事情，或是決定接下來要做什麼，你可以處理，但是需要能量。

還有，從兩個或更多的來源接受刺激，例如，你正在講電話或是正在試圖搞懂一個食譜，孩子卻跟你說話。

即使是溫和的刺激，例如背景的電視聲音，時間久了，或是你需要做別的事情，需要更專注的時候，都可能成為過度刺激。自我控制需要心智能量，因此需要身體的能量，因為腦子也是一個生理器官，需要營養和休息才能恢復。

思考的時候，你如何用慈悲心對待自己，可以造成你從內在刺激自己的巨大差異。自我批判就會令人非常疲倦。

父母燃燒殆盡的生理學

家裡有任何年紀的兒童，父母都可能受到過度刺激，只不過是以不同的方式。如果你有兩三歲以下的孩子，有一本很棒的書《母親撫育》（*Mother Nurture*），討論母親燃燒殆盡的現象，作者是里克．漢森（Rick Hanson）、珍．漢森（Jan Hanson）和里奇．波利克夫（Ricki Pollycove）。（內容幾乎都可以運用在父親身上，當然也適用於高敏感父親。）其實，如果孩子年紀較大，你還是可以運用書中的內容。作者是三位醫療專業人士（一位醫生、一位針灸師和一位治療師），對這個主題的經驗豐富。此書於二〇〇二年出版，對象是母親，而且並未針對高敏感父母，但是好好解釋了問題的生理背景，並建議了很多治療選擇。

高敏感父親們，請嚴肅以對你自己筋疲力盡的問題。在第二份調查中，有足夠多的父親回答問卷，可以分析數據了。高敏感父親並不像高敏感母親那樣，比一般父母更覺得親職工作很困難。即便如此，你們之中，還是有人覺得壓力非常大。你可能和伴侶一樣，在生理上受到影響。雖然是她懷孕，但是從此之後，你還是有了更多的任務和擔憂。例如，父親的壓力可能來自有更大的賺錢壓力，或是家裡事情多了，卻還是需要維持工作上的表現。我們的問卷並沒有問到關於工作的壓力。

四個身體系統，外加一種功能

生了孩子之後的頭幾年，你體內有四個系統可能筋疲力竭，尤其如果母親懷孕時很辛苦，或父母之中有一方在生孩子之前就狀況不佳、飲食習慣不好、有其他疾病、有其他原因引起的情緒壓力。每個系統都和另外三個系統息息相關。

腸胃系統

在親職壓力之下，你的腸胃系統可能消化不良，使你反胃、便祕、瀉肚子、脹氣以及營養不良。你的身體其他部分（另外三個系統）會接收到較少的營養，同時表現也不好。

神經系統

你的神經系統在全身各處傳遞資訊。當事情不對勁的時候，神經系統會給你訊息，讓你擔心、情緒不好、感覺不好。功能不佳的神經系統還是會產生思緒。神經系統無法停止這個基本功能，但是產生的思緒可能對你的健康有害。

如果神經系統功能不佳，導致頭痛、睡眠不足或憂鬱沮喪而經常接受治療的話，藥物可能讓腸胃系統不舒服。這些系統都會彼此影響。

壓力至少可以引起四種神經傳導物質濃度失衡。可以用各種方式治療，以取得平衡，但是一定需要有很多治療家長的經驗、看過類似狀況的精神科醫生。

內分泌系統

你的內分泌系統製造甲狀腺素、睪丸激素、催產素、皮質醇、雌激素、黃體酮、泌乳激素、脫氫表雄酮、胰島素以及許多其他的荷爾蒙。（男性與女性都會製造以上所有的荷爾蒙，只是某些荷爾蒙的分量不同而已。）這些荷爾蒙將訊息帶到身體各處，但是它們可能接收或釋放錯誤訊息。當荷爾蒙失去平衡，你可能覺得疲憊、易怒、不安、半夜醒來而無法再度入睡、沮喪以及其他徵狀。荷爾蒙告訴整個身體：「我們現在壓力太大了。」讓消化系統、神經系統和免疫系統保持警戒。

免疫系統

受到壓力影響的第四個系統就是免疫系統，健康的主要保衛者。當免疫系統受到壓力、荷爾蒙失衡、不當飲食、憂鬱或其他因素影響而不夠活躍或過度活躍時，你會有更多的感染和過敏反應，加上可能的自體免疫反應，導致比較難以診斷的徵狀，例如疲憊和發炎。

以上四個系統也會影響你的**肌肉功能**——如何舉起重物、彎腰、打鬧玩耍、跳舞、伸展身體。總之，親職工作是很耗費體力的活動，很容易就沒力氣了。你希望感覺強壯、無敵——幾乎完美的父母——但是你必須接受身體感覺到的壓力，對身體的需求更有慈悲心，尤其如果你是高敏人的話。這意味著你需要完整澈底地面對這四個系統的自我照顧計畫。也就是說，找時間照顧自己的需求，如果生病了，需要看醫生的時候，給自己一些休息時間。

高敏感父母永遠都可能燃燒殆盡

當你撫養學齡兒童或青春期孩子的時候，過度刺激的生理影響還是在的，就像孩子小時候一樣，但是你可能對自我照顧有更多的控制了，過度刺激的形式也不同了。你可能還是睡不好，因為你可能得一大早起來準備孩子上學，還要送他們去學校。你必須處理孩子從學校帶回家的一切，從「藝術」創作、功課、情緒創傷到困難的問題，以及他們自己的過度刺激，需要你的接受與安慰。加上老師和其他家長一直有期待，有時會導致你無法逃避的、非常強烈的互動。因此，你不能放鬆自我照顧。

青春期孩子？他們在家的時候，聲音往往很大，他們聽的音樂、他們自己的聲音，加上他們同樣大聲的朋友。你還需要思考青春期孩子的許多議題。同時，你的年紀大了，你的系統都需要更多照顧。我經常引述電影《鋼木蘭》（*Steel Magnolias*）裡的一句話，在桃莉．巴頓（Dolly Parton）的美容院裡，一群中年女士們看著一位年輕新娘「打扮」，巴頓說：「二十歲之後就沒有自然美這回事了。」我則會說：「四十歲之後就沒有自然健康這回事了。」忽然之間，我們都需要更照顧一切，才能避免疼痛和慢性疾病。

依附式親職風格如何？

回到孩子兩歲前，你現在知道了，身為嬰幼兒的父母，你的生理壓力有多大，現在讓我們討論一下如何用最小的壓力為孩子創造最安全的環境。我是心理醫生，知道孩子擁有安全依附關係的重要性。確實，這是我最有興趣的主題之一。而且，我喜歡依附式親職風格的原則——對嬰兒的需求越有反應越好。我認為只要母親和嬰兒都願意，親餵是在情緒上和生理上最健康的做法。（我親餵兒子到幾乎三歲。）嬰兒喜歡經常和可靠照顧者的身體保持接觸。當父母用某種方式將嬰兒帶在身上，保持某種程度的身體接觸，父母自己的生活也會容易些，因為雙手空出來了。嬰兒往往會睡著，卻同時可以保持重要的身體接觸。

但是我認為，如果嬰兒只有一位主要的照顧者，只認一位依附對象，對高敏感父母並不好。高敏感父母必須有很多休息時間，無法一直與嬰兒保持接觸。人類的演化是讓我們在家族中、部落裡，有許多手足、祖母以及任何經常代替母親照顧嬰兒的親友，讓母親可以恢復體力、照顧年紀更小的孩子、回去工作。為什麼我們失去了有許多人照顧嬰兒的自然狀態呢？（我不會回答這個問題，你沒有時間讀我的推論。）事實是我們之中，還是有很多人有家人願意協助，或是可以請朋友像家人一樣地支持我們。而且，許多父母有伴侶。社區中的年輕父母可以分享責任，成為一個沒有血緣的家族。現代還有托兒服務，可以發揮「家族」的功能。一個人在家裡照顧幼兒是不符合人類文化傳統的。

有真正關心孩子的家人代勞，基本原則仍然符合依附式親職——對嬰兒的需求做出反應，盡量與嬰兒保持肢體接觸。而這種依附關係可以來自嬰兒知道可以依賴的一位或**多於一位**的照顧者。或許，至少對於高敏人而言，**只有**在有人可以換手時，才能真正實踐這些原則（反應與肢體接觸）。我們已經知道，嬰兒可以習慣有幾位照顧者，而不是只有一位。

目前仍沒有研究顯示（至少以我所知）只有一位照顧者的依附式親職效果會比好幾個人照顧的更好，儘管我的直覺（或許你也這麼覺得）會認為單一照顧者比較好。依附關係牽涉到兩個人：照顧者和嬰兒，重點似乎是照顧者和嬰兒形成的雙人組如何運作。有些嬰兒不想餵奶過久。有些父母一直抱著孩子會背痛。要是只有單一照顧者，卻碰上一個很少能夠睡整夜的嬰兒，使得照顧者一直醒來呢？記得過度刺激的種種生理影響嗎？

簡言之，有些人可以接受嬰兒只和單一照顧者（通常是母親）經常接觸，但是高敏感父母通常無法。如果父母一方面盡力實踐依附式親職，一方面卻在內心吶喊，就**比較不可能**產生「身心健康」的孩子。但是，許多高敏感父母會出於良心，努力靠著自己養育孩子。這是為什麼我希望告訴高敏感父母，如果有需要，可以用其他方法提供孩子安全感，而不是一直在孩子身邊照顧他。如果你見過母貓帶小貓就知道，無論小貓怎麼哭叫，母貓有時候還是會離開一下。學學你的貓！

以下是一些單獨照顧孩子的高敏感父母對於依附式親職的心聲：

我需要空間，但是這種親職方式不允許我有個人空間。我需要一些安靜，但是大部分時間身邊都有孩子，完全的安靜非常稀少。我需要更少的刺激，但是壓力一直來。為了撫養身心健康的孩子，值得嗎？誰知道？

◆ ◆ ◆

身為高敏人，依附式親職為我們帶來更多壓力，因為孩子隨時在身邊。我的理想是一回事——「這就是我要的方式。」我的敏感是另外一回事——「快把孩子帶走！我需要休息！」這是一趟困難而壓力很大的旅程。

◆ ◆ ◆

我非常敏感，也非常在意女兒們的健康，於是我讓自己採取依附式親職：長期親餵、一起睡、慈祥的溝通。大女兒和我一起睡到七個月，然後讓她自己睡，她一直哭到睡著（接下來一年都是這樣）。老么和我們一起在大床上睡到一歲八個月。我知道我隨時都想做出最佳決定。我只是希望我更在乎自己的睡眠，也在乎女兒們的睡眠。如果可以重來，我會更早開始讓嬰兒在父親愛的手臂中哭著睡著。

如何處理過度刺激

我可以提供無數的點子以降低高敏人的過度刺激，網路上也可以找到各種點子。我還是要為家長列出某些較不尋常或是非常重要的點子。

我喜歡將過度刺激的問題分為三大部分：避免、當下處理、復原（當然，這些步驟有重疊之處）。以下是一些點子：

避免過度刺激

當然，最佳解決辦法就是避免過度刺激，往往從孩子開始。當你的孩子受到過度刺激，或是壓力太大，如果你不小心，很快地，你也會朝著那個方向去了。

盡力避免孩子因為過度刺激而情緒崩潰。當然，會多快崩潰，要看孩子有多敏感。不那麼敏感的孩子也會太疲倦。對他們而言，世界是新的，即使是很簡單的事情也可能是新的，需要比你想像的更多的處理和適應。可是，你無法又要避免刺激孩子，又要把他們好好帶大。去令人興奮的地方——他們熱愛的地方、學習的地方——可能會讓孩子疲憊不堪，你和孩子都可能崩潰。即使是外向的孩子，光是跟朋友在一起就可以讓他們感到疲倦了。（第五章會談到發脾氣。）

你的孩子需要和可以接受多少刺激，你得成為專家。有些孩子需要很多刺激，如果他們的日子裡沒有一點興奮或肢體活動，他們可能胡鬧或叛逆。有些孩子需要更多安靜時間。觀察一下，孩子在放學後、週末、假期中需要多少活動，以及他們有過多或過少活動的跡象。大部分孩子放學後，或是從托兒所回家之後，需要一些安靜時間。有些孩子如果需要在學校乖乖坐著，或是聽從指示，回到家可能需要發洩一下。安靜時間、踢足球或舞蹈課可以為你提供休息時間，如果你願意允許自己休息一下，而不是利用這個時間做家務事或和其他家長聊天。

青春期孩子往往為自己安排太多活動，如果他們想升大學，那麼，學校成績、考試成績、申請大學入學以及其他事務會讓整個家庭負擔過重。青少年很難管理，而且他們需要學習如何照顧自己。或許建議他們研究一下，自己可以處理多少事務。他們可以寫日誌，即使只是一週也好，記錄每天的活動、功課壓力和睡了多久。他們也應該記錄自己的感覺、情緒和健康。讓他們自己做出結論。

小心注意孩子是否負擔過重，你也會因此而負擔過重。這是基本的親職工作，應該不那麼困難，你和孩子已經很調和了。不過還是給你一些建議。

❀了解每個人何時最容易受到過度刺激——例如，孩子放學回家，每個人都在說話，你需要聽他們說的時候。鼓勵他們先做一會兒安靜的事情，或許是吃點心。如果在他們到家之前，你沒有先休息夠，或是任何時候你覺得受到過度刺激了，你應該先休息一下，讓他們也有機會休息一下。

❀對年紀小的孩子（或許其實是對我們每個人），快樂的關鍵就是食物、水、睡眠。

❀如果你的孩子正處於愛哭或尖叫的階段，到處都放一付耳塞！買至少一付抗噪耳機。你還是可以聽到聲音，但是可以讓最尖銳的尖叫聲緩和下來。一位高敏感父親說：

有趣的是，對我而言，試著忽視哭泣比處理問題還更有壓力——即便處理問題可能讓我更接近噪音來源。（他的解決辦法是在各處放一付耳塞，每當噪音太大時就可以使用。）

❀限制約朋友來玩的次數，並謹慎計劃。朋友回家之後，你的孩子會非常疲倦。如果你在場的話，你也會很疲倦。減少玩具，維持一個有組織的遊戲間，規定玩具只能待在那個房間裡。他們離開的時候，要把玩具放回原處。

❀減少雜亂的東西。即使只有一個或兩個乾淨的表面也好，把東西塞進籃子裡，可以減少雜亂的感覺。買各種儲物箱，或用紙箱代替。是的，你可能很難忘記，儲物箱裡的東西沒有整理，但是先放下來吧。沒有任何一個有孩子的人能夠保持生活中的一切都整整齊齊的。

❀檢查自己的能量高低。一位回應問卷的人說，想像一個水果派，留下三分之一早上吃，三分之一下午吃，三分之一晚上吃。一旦用掉了那個時段的三分之一，就改用最低檔速。

❀經常有小小的休息時間，在你崩潰**之前**就要休息。一位高敏感父母說：

噪音絕對會影響我，先是哭聲，然後是胡鬧的聲音。我越累，就越覺得糟糕。我會參加孩子們的派對，有各種跳來跳去、吼叫、家長大聲講話試著蓋過噪音。我覺得疲憊不堪，事後會需要安靜的時間。孩子也需要。我會鼓勵孩子有安靜時間，其他策略包括為我自己維持一個安靜整齊的空間，如果無法休息，我會用呼吸控制自己，或是喝一杯薄荷茶或喝水。我很注意控制我們家安排了多少活動，以便給我自己（以及我兒子）一些休息時間。這對我而言很難，因為我很喜歡朋友，喜歡有事可做。

我討厭亂七八糟，討厭失序，有孩子之前，我很以我的家為傲。我必須放下，有時候，家裡會亂到我受不了，我簡直動不了了，必須走開，不然就會發脾氣。

劃出界線

身為母親，我體驗到的一切，本質上都很極端，我因此學到了界線。我學會重視我自己有限的能量和資源，我會請孩子幫我做家務。如果他們不幫忙，就會失去一些他們重視的東西或活動。

對於所有的高敏人，避免過度刺激的關鍵就是界線。也就是懂得拒絕。但是你可能無法拒絕年紀很小的孩子。他們真的需要協助和照顧。當他們有某種需要，就會哭鬧。有時候看起來，似乎滿足他們的需要比忍耐哭鬧來得更容易。有時候，他們只是需要你的傾聽，或是你溫和地告訴他們，他們的選擇會帶來什麼後果，或是文明的人應該有何種行為！往往，接近高敏人的人（尤其是孩子或伴侶）會發現，只要他們夠鬧，高敏人會受到過度刺激，比較無法有效爭辯，或是比較容易退讓。如果你必須照顧孩子，或是必須教育孩子時，你實在無法退讓，所以，要盡量保持有足夠的休息。

除了孩子之外，你會發現自己也必須經常需要拒絕親友。讓你的伴侶事先知道你會拒絕，以及為何拒絕，讓他們知道自己也可能有時候會被你拒絕。當你沒有辦法繼續付出時，要對身邊尋求你的注意的人態度堅定。記得：許多人會對你有要求，你，只有你，可以決定你要不要付出。他們不會知道你很累了，如果知道的話，他們也不會想給你帶來壓力。你必須讓他們知道。

最難的可能是拒絕自己。你可能知道自己的限制，但是堅持保持界線卻很難。喜歡追求感官刺激的人一定很熟悉其中的掙扎。這有點像是「一隻腳踩油門，一隻腳踩煞車」。因為追求感官刺激的「系統」和敏感的系統可能同時存在。追求高感官刺激的高敏感父母也有這種問題，但是問題還更嚴重——他們需要休息，但又想要完成事情，或是和孩子一起做些好玩的事情。

拒絕也包括有時候放下家務事，並拒絕罪惡感。事先囤積一些容易料理的菜餚，即使這些簡易餐飲不符合你的營養最高標準。特別是，**睡眠必須優先於家務事或任何事。當你有時間的時候，考慮拒絕一切，只顧睡眠。**

我知道說起來容易，做起來難，尤其如果你有不只一個的孩子。但是你的心智狀態是你做一切事情的基礎。當你精神好，事情就會順利進行。當你精神不好，事情很容易搞砸。就是這麼簡單。

處理過度刺激

你注意到自己易怒了，或是覺得再也無法承受了。你需要休息，但是無法休息。你不能丟下嬰兒不管。或是你需要看著正在一起玩的孩子們。或是你必須等青春期的孩子到家，然後和孩子「談一談」。

這就是為什麼你需要可靠的幫手。我之後會討論這一點。假設你沒有幫手的話，怎麼辦？

面對困難時刻，處理過度刺激的建議

- 帶著孩子換地方或換活動——去另一個房間、開車逛一逛、離開店家、去逛街等等。
- 一位有幼兒的母親建議，**擁抱孩子**——擁抱的感覺很好，而且比傾聽簡單容易多了！
- 如果孩子自己玩得很開心，即使只是一會兒，也可以坐下來閱讀或放空發呆一下。不要跳起來做家務事。

- 你可能不同意，但是我還是贊成高敏感父母偶爾讓孩子看高品質的電視節目或影片，讓父母休息一下。最好是待在孩子看得到、聽得到的地方，躺一下。雖然常常看電視不好，但是累壞了的父母對孩子也是很不好。
- 慢慢、深深地呼吸。用嘴吐氣，很自然地深深吸氣。如果你想的話，想像自己在將壓力源吐出去。
- 泡一杯茶喝。
- 按摩自己的腳。
- 照顧自己的感官：聞好聞的味道、看好看的東西、放喜歡的音樂、吃你愛的健康點心、換上舒服的睡衣或家居服。
- 可能的話，和願意的人——小孩或成人——擁抱足足一分鐘。擁抱的感覺很好，可以降低壓力荷爾蒙、疼痛、高血壓，避免生病，同時提升催產素，讓人感覺良好。
- 伸展運動。彎下腰，碰地板，然後慢慢起身，感覺每一節脊椎放鬆。張大了嘴，好像在吼叫，然後放鬆臉部。如果你會做瑜伽，即使只會一招半式，仍然會有幫助。

- 有需要的話，躲進廁所一會兒（如果孩子年紀夠大，可以獨處一下子了）。孩子會了解你需要上廁所。
- 手邊隨時準備一本好書或是有聲書，可以偶爾閱讀一下。一旦可以騰出一點閱讀時間，至少有所期待。
- 打電話或發簡訊給好朋友，光是打個招呼都好。
- 允許自己哭吧！
- 一位母親建議想像自己在泡泡裡，或是在一個很大的保護球裡，當孩子跳來跳去，甚至真的跳到你身上時，就會彈走，讓你的敏感神經受到保護。
- 和孩子在同一個房間，你還是可以靜心。不要因為被打斷而感到挫折。跟孩子解釋你在靜心，是「一種特別的休息」。有時候還能夠讓你身邊的人也安靜下來。
- 和孩子一起出去，特別是去室外。大自然非常療癒，讓人感到寧靜，至少能夠轉換能量。你應該避免出門去辦事情，或是去另一個高度刺激的環境，以免孩子也受到過度刺激了。

- 注意自己上一餐是否喝了足夠的水、吃了足夠的蛋白質，你和孩子都需要同樣的東西：休息、食物和水。
- 寫下你最喜歡的一到五分鐘的休息方式。當你累到無法思考時，看看這張清單。你已經事先想好了。

過度刺激後的復原

復原很像避免過度刺激和忍耐過度刺激。孩子休息時，或是不在家時，你也要休息。如果你一直受到過度刺激，無暇處理親職的複雜性以及你和孩子的內在及外在，你就可能需要睡眠卻睡不著。沒關係。**任何形式的休息都很好，即使沒有睡著。只要閉上眼睛就可以獲得最大的休息了，因為80%的刺激來自視覺。**

要注意自己是否半夜醒來卻無法再度入睡。這可能是憂鬱症或慢性焦慮症的跡象，需要治療。如果確定自己的跡象是否到達「異常」（失能）的程度，可以讓你比較不焦慮的話，請在網路上搜尋《精神疾病診斷及統計手冊》（DSM-5）上所列出的標準。更好的是，讓可以信賴的別人幫你搜尋，問你一些問題。這個人必須和你同住，或是經常與你相處，可以觀察到你可能自己都沒有注意到或是逐漸習慣的行為改變。

要注意，對於高敏人，有些「徵狀」可能是正常的，例如容易哭泣、很難做決定、受到過度刺激時無法專注。你必須連續兩週以上，幾乎每一天、一天中大部分時候都有憂鬱症徵狀（診斷手冊中列出了徵狀），或是連續六個月以上，有焦慮症徵狀的日數比沒有焦慮症徵狀的日數多，才算是有嚴重的憂鬱症或焦慮症。如果你符合條件，請找一位了解高度敏感或願意學習的精神科醫師。你也可能不符合這些條件，但還是覺得憂鬱或焦慮，覺得很難受，需要協助。否則的話，放輕鬆，取得一些付費或免費的協助，幫你照顧孩子或做家務事，然後看看自己現在感覺如何。

另一方面，雖然休息和睡眠都很重要，有時候，你最需要的是完全的改變，或許只是一個人出門辦點事情。這也是為什麼你需要幫手的原因。和親職完全無關的活動特別有用——新的、讓人興奮的事情（對，即使是高敏感父母），或是習慣的休閒娛樂。當然，這會帶來更多刺激，所以要小心。你必須找到平衡點。

一位父母說：

我一直掙扎著，一方面想尊重我身為高敏人的需求，另一方面想要事業成功，同時又是參與孩子生活、愛孩子的父母。我會做出許多承諾要好好照顧自己，但是都沒有實踐。

當你長期受到過度刺激時，有時候很難停下來，讓自己復原。你一直做，一直空轉。或是更精準地說，靠著皮質醇過日子。皮質醇協助你處理壓力，當你停下腳步時，身體不會忽然停止製造皮質醇。太多的壓力最終會用盡製造皮質醇的腎上腺，使得身體出問題。逼自己太久是要付出代價的，所以要小心注意。

復原的建議

- 有機會休息時，盡量照顧呵護自己。
- 在家做 SPA（父親也可以做）。泡熱水澡，點上蠟燭、放上音樂，或是加上你喜歡的香精，例如薰衣草、雪松或檀香。

- 水在各方面都有幫助：喝水、泡澡、河邊散步、游泳、聽著水聲。臥房裡可以放一盆桌上型小水池，可以協助你放鬆，還可以防止噪音。
- 喝溫的或冰的飲料，看你的喜好和季節。
- 一個人享受健康、美味的食物。
- 替自己按摩。如果你無法出門找專業的按摩師，可以準備一些按摩油或乳液，脫掉衣服（有必要的話請開暖氣），坐在大毛巾上，點上蠟燭，慢慢按摩自己身體各處。感覺真好！
- 記錄自己當父母的親職心得。甚至可以畫圖或寫詩表達自己的感覺。有一天，你會很珍惜這些紀錄，現在則可以讓你看到一切改變得多快，你做了多少事情，而且還做得很好。
- 列出你當初想生孩子的理由，另外列出你對孩子和伴侶感恩的一切。當你最需要提醒的時候，讀一讀。

一位父母說：

直到今日，我避免崩潰的最佳方法就是仔細檢查自己的能量有多少。一旦感到自己容易生氣了，我就休息。我擋住家裡的噪音和雜亂，也擋住內在說「忍耐」的聲音。

「心靈」練習的價值

對於受到過度刺激的高敏感父母，最困難的可能就是保持宏觀了。你會擔心孩子是否終究能學會上廁所。（我跟你保證：他們上大學時不會還穿著尿布。）你覺得你永遠無法再睡一整個晚上，或是一整天獨處了。或是你的青春期孩子永遠都會要求你在街角放他下車，不願意被朋友看到他和你在一起。你知道這些事情都不會永遠如此，而且你很高興生命中有這個孩子。但是當我們壓力大或害怕的時候，我們對生命的觀點會縮小。我們放心的時候，生命觀會放大。

我相信，高敏人很容易對生命產生宏觀。我們會思考事情為何如此、結果會如何。我相信，這是為什麼我們大部分人有追求心靈層次的傾向，這是最宏偉的生命觀了。我們為什麼生下來？我們為什麼活著？誰創造了我們？一切的背後是什麼力量？我們死後會發生什麼？這是為什麼我總愛稱呼高敏人為「像牧師一樣的顧問」。對於一般人，當事情出了錯，他們會要聽我們的建議。直到事情發生之前，他們都沒有好好想一想，我們卻一直以來都在想。

我剛開始與人面談、學習關於敏感的特質時，我將心靈的問題留在最後。我覺得這些問題太個人了。但是全部四十個人都在結束之前就自動提起這個話題，大部分的人有某種心靈途徑和練習。

我說的「心靈練習」指的是可以讓你和更大的存有產生連結的任何方法，包括大我、所有的生命、整個宇宙、無限與永恆、上帝、阿拉、神聖存有或源頭。現代有許多人試圖找尋自己的、獨特的心靈途徑，甚至在傳統宗教中找尋。似乎，所有的途徑都指向同一個目的地，雖然我們給這個目的地不同的名稱。

如果你希望在自己有需要的時候，隨時可以接近你的生命宏觀，你需要每天練習你的心靈途徑，對於忙祿的父母們，則是盡量練習。這也是一種休息。

我自己的故事：

兒子一歲前，我們住在巴黎，進行博士後訓練。我們住在有兩個房間的公寓中。每個晚上，我準備晚餐時，兒子會開始哭鬧，一直拉我的腿。如果我把他放進嬰兒床（和廚房在同一個房間中），他就尖叫。我丈夫會試著把他抱到另一個房間裡，安撫他，但是兒子只要我。這時，我快崩潰了，我或是哭了，或是生氣，或是又哭又氣。我們計劃要學習超覺靜坐（Transcendental Meditation），因為很多朋友都很推薦。但是我們一直拖，因為沒錢，也找不到保母。但是事情一直沒有改善，我們決定試一試超覺靜坐。我丈夫和我第一次輪流在後面房間做晚間的二十分鐘靜坐時（另一個人在廚房用安靜的聲音陪孩子），整個晚上都沒有出現雙方崩潰的局面。再也沒有崩潰過了，簡直是奇蹟。從此，亞特和我完全信服超覺靜坐了。

結合深沉休息和心靈練習的一個方法就是靜心——只要不需要心智努力。我比較過許多方法，我自己認為最能讓我休息、最無需努力、最有效的靜心就是超覺靜坐。基督徒的歸心祈禱（Christian Centering Prayer）和超覺靜坐也很像。超覺靜坐的課程有一點貴，但是值得。教學非常專業，而且標準化，內容包括了你這輩子對超覺靜坐可能有的任何需要。最重要、而且諷刺的是，你會需要和有技巧的指導員見面數次，學習「**不要**努力」。

這個方法讓你舒服地坐著，腦子可以亂轉，也可以睡著——重點是：休息是成功練習的基礎，也是意識的演化。你可能已經有你自己的靜心方法了，寧可用你的方法靜心。這樣也很棒。

或許你可以祈禱、做瑜伽、接受表達性藝術治療、在大自然中散步、從事幾分鐘的園藝，都可以是你自己的心靈練習。試著找時間經常且固定練習。

自我照顧和高敏感父母的過去

高敏人都有「不同的感受性」（differential susceptibility）。也就是說，如果童年幸福，他們會比其他人在各方面都表現得更好；如果童年不幸，他們會比一般人更容易焦慮、憂鬱、害羞、自我形象低落等等。

以我的經驗而言，不同的感受性也會影響自我照顧。如果童年時，你的需求都得到足夠滿足，身為高敏感父母時，你可能非常善於照顧自己。如果童年時，你的需求受到忽視或侵犯，別人的需求比你的需求受到更多照顧的話，你可能就不擅長照顧自己。如果是這樣，請特別注意自己對於照顧自己的態度。如果你一直疏於照顧自己，請尋求專業協助——你可能發現我的書《被低估的自我》（*The Undervalued Self*）很有幫助，但是你此刻可能沒時間閱讀。在網路上，你可以搜尋「依蓮・艾倫談如何找治療師」（Elaine Aron on how to find a therapist），找到我寫的文章，教你如何找到好的治療師，如何和治療師討論你的特質。

高敏感父母必須經常檢查自己的自我照顧是否對其他家人也有用。往往，如何平衡休息與工作的靈感來自你的童年。如果你發現一位家人比另一位強勢，就要很小心不要重複童年經驗。

如果你容易被支配，你需要學會為自己的需求發聲，為了自己也為了孩子。如果你是家中唯一的收入來源，也是家中唯一的高敏人，你很容易就會成為家中支配別人的強勢者。只因為你敏感、工作辛苦，你不能假設自己可以要求做比較少的家務事，或是不平均分攤雜務。你們必須以團隊的方式討論。

如果你的工作壓力太大，無法協助家務事，你要認真思考如何解決問題，你可以很敏感，卻同時參與家庭生活中愉快與困難的部分。可能需要用一些創意，或暫時放棄某些東西，但是值得。請參考第三章，有更多的點子。

結論

高敏人唯一的天生弱點是容易受到過度刺激。**如果你覺得很疲憊，你可以對自己更好，你必須對自己更好。**當你休息夠了，可以清晰思考了，仔細檢視一下你的生活。你能如何做得更好？吃得更好？如何降低其他開銷，以負擔請一個幫手？放棄一些什麼？回想一下，當你放棄某些東西之後，真的很想念嗎？你在自己生命中增加了親職工作，可能也應該減少一些什麼了。

尋求協助

是的，你需要協助

高敏人對於**一切事情**，都必須避免過度刺激。妥善管理過度刺激，並從過度刺激中復原，才能好好表現。每一位高敏感父母（或許有極少數的例外）都需要協助。如果你的需要在家裡都已經有人協助，也有足夠的育兒服務（無論是在家裡或外面），你可以跳過本章。但是如果你有幫手，卻覺得其他父母似乎不需要那麼多協助，因而有罪惡感，或是完全沒有幫手，或是你覺得請幫手的錢可以用在其他家庭支出上，請閱讀接下來的這幾頁。

孩子年紀夠大之後，第一種幫手就是家庭之外的托育服務。是否有托育服務、價位是否可以負擔、從孩子多大開始使用托育服務……都要看你住在哪個國家而定。有些國家，例如北歐國家，從嬰兒九個月大就有支持性的托育服務了。其他國家的政府，例如美國、加拿大（除了魁北克之外）和英國，都由家長承擔托育費用。在某些國家，例如義大利，年輕夫妻可能有家族提供協助。你繼續讀下去時，可能需要依照你所處的環境做一些調整。

無論家庭之外的托育單位可以提供到什麼程度的服務，都還是可以考慮僱用幫手到家裡提供協助，不只是嬰兒時期，之後也會需要。

你需要協助，不只是因為你是高敏感父母因此需要「高度支持」。高敏感父母本身也會有更多需要，滿足之後才能發揮他們非比尋常的親職能力。

處理罪惡感和比較

你可能會遇到一些家長，整天待在家裡照顧嬰幼兒，還能夠看似愉快地自己一個人完成家務事。有些家長的孩子去上幼兒園或學校，他們工作了一整天，下班回家以後照顧孩子、管理家務，看起來一點問題也沒有。這些家長看起來十分成功。當然，他們可能有伴侶幫忙。你也可能有伴侶幫忙。他們甚至可能一有時間，就一邊在家辦公，一邊看著孩子，而你只是專心顧孩子都還需要休息呢。有些人全力追求事業發展，同時可以當一位完美的父母，至少表面上看起來如此。這些人屬於那80%。

你不一樣。我知道這很難向別人解釋，尤其是很難對你的伴侶或其他父母解釋。即使孩子大部分時候待在幼兒園裡，你卻可能仍然需要每週四十小時的幫手。有那麼多家務事、雜務，還要採購和做飯。而且，你需要休息時間。或許，就連向自己解釋自己的需要也同樣困難。找幫手看起來太自我中心了，也太花錢了，尤其是在缺乏政府補助或缺乏價位合理的育幼服務的國家裡。但是首先，你必須真正相信你確實有此需要，才能說服別人。所以，不妨這樣看吧：在孩子生命一開始的時候，或許這是最重要的事情了。一位家長說：

面對這種狀況，最簡單的說法可能是：事情太多了。

一個更長的故事總結：

法蘭覺得自己要發瘋了，她知道自己需要協助。孩子在學校的時候，她僱用家政婦來打掃房子、洗衣服、做飯，讓她休息。當她告訴比較不敏感的朋友時，她們很驚訝。即使是有三四個孩子的全職母親都是自己包辦一切。很自然地，法蘭覺得孤單、自責，覺得朋友都在批判她。她的高敏感丈夫極力說服她，這樣做非常重要且有其必要。

如果你需要幫手，你就是需要幫手。這並不意味著你是比較差勁或比較糟糕的父母。

整天獨自和小孩相處的問題

很少有（如果有的話）父母能夠整天一個人待在家裡照顧嬰幼兒還能夠蓬勃發展的，遑論有兩三個孩子的父母了。是的，有些人天生有這方面的才華，往往最終成為這方面的專業人士。幸好有這些人存在。但是不要和他們比較，也不要和需要當（或看起來像）超人媽媽或超人爸爸的人比較。

無論是否高敏感，人就是不適合社交孤立。成人的陪伴對於幼兒發育非常有意義，和幼兒在一起也不算是完全社交孤立，但是和成人的陪伴比起來，還是很有限。

所有人類都比其他動物更能深刻處理資訊，高敏人又更為如此。處理太多資訊時，我們可能會過於疲憊，但是處理的資訊過少時，我們同樣也不舒服——我們沒有運用到自己的技巧。

確實，我們人類以及其他社會性的動物，如果被單獨監禁，可能發瘋。這是為什麼單獨監禁被認為是一種折磨虐待。我認為社交互動（以及其他刺激）是一種精神食物，我們每個人每天都需要一些。有時候，我們可以一整天不進食，有時候我們會狂「嗑」零食，但是大部分時候，我們需要固定的飲食。有時候你要和另一個人歡度優質時光，尤其如果你比較內向的話。比較外向的人則需要和一群人相處。

和幼兒互動就像是很有限的社交營養。孩子還在適應食物，很享受有限的食物，但是長期下來，父母會受不了。我們知道，即使是幼兒也需要學習吃新的「社交食物」——當孩子準備好了，也會需要和家人之外的人相處。

沒有幫助並不正常

你可能知道，在二十世紀中期之前，父母單獨養育孩子並非典型。二十世紀中期之後，也只有在某些工業國家，父母單獨養育孩子才成為典型。在那之前，孩子都有不只一位照顧者，也許是夫妻雙方一起養育孩子，或是家族一起，或是女性帶著孩子在社區工作，或是大孩子幫忙照顧小孩子，或是一群父母在小型社區中，孩子在外面玩的時候，彼此互相輪流照看孩子，而不是每一位父母只管著自己的孩子。

我們拋棄了舊有習俗，讓單獨待在家裡的父母做全部的工作，以便讓家庭正常運作，因此產生了許多問題。我們有越來越多節省時間的設備，但是這些設備也越來越複雜了。單獨待在家的父母還有另一個問題，孩子睡著的時候，他們不睡，反而花很多時間在各種非常需要專注的家務事上，例如上網購物。當孩子醒了，到處跑來跑去，需要大人監督的時候，父母卻需要和別人見面，例如修理水電的人。「多工」對高敏人來說特別困難。我很熟的一個家庭可以負擔請人幫忙，沒有人會單獨和幼兒待在家裡。他們認為：「沒有兩個人一起在家裡照顧孩子，感覺就是不對。幼兒需要有人一直注意他，單獨一個人無法總是注意著孩子。」

我自己的故事：

我很幸運，兒子小時候，我的丈夫亞特幾乎總是和我一起在家裡，平均分擔親職工作。有一陣子，我們和朋友住在加拿大溫哥華，亞特在那裡做研究。大家整天都在外面，我沒有車，那年冬天又暗又淒涼沉悶。我那時候還不知道自己是高敏人，但是我知道自己要發瘋了，整天單獨待在家裡帶一歲半的孩子。孩子已經會走路了，但是大部分時間需要我抱。孩子知道我的每一個行動，但是不會說話。除非他睡了，否則我無法睡一下。他的午睡很短。我**真的**需要獨處的時間。

亞特很同情我，他想到了一個很棒的點子，直到現在都顯得很丟臉和很好笑。我會把所有玩具都帶到廚房，趁著兒子不注意，我爬到冰箱上面待著。只要他看不到我（我是他有最多種玩法的玩具），他可以快樂地獨自玩耍一個多小時。我坐在冰箱上，可以在筆記本上畫畫或寫日記，快樂地獨處一會兒。當兒子終於感到無聊或不高興的時候，我立刻下來。我不常這麼做，所以我不覺得他知道我在哪裡。當然，這樣做並不能解決我很寂寞的問題。當我看到家裡的人一個一個回來的時候，我多麼開心啊！

如果你必須暫時一個人待在家裡，你需要和出門的人好好溝通。他們回家時，待在家的一方不但需要他們協助做晚餐、哄孩子上床睡覺，也需要一些成人的陪伴。

你是否能夠忍耐一個人在家帶孩子，要看你的個性和孩子的氣質與年紀。有些人可以，大部分的人則無法適應良好。試著不要為此批判自己。要記得，只要情況對了，你是多麼地有才華，包括你休息得夠了之後和孩子的相處。無論你的情況、個性、才華如何，這些都是你的特質。

當然，一個解決方法是等到孩子夠大時，把孩子送去托兒所，即使你沒有打算回去上班。有些高敏感父母對此感到自責，覺得孩子太小或托育時間太長。很顯然地，你必須做出你覺得對你和孩子都最好的決定，但是請記得，到了某個年紀，孩子最好花些時間接受家庭外的托育，練習跟同儕自在相處，準備之後要上學了。大部分孩子和父母分開時都會表示抗議，你可能很難受，但是大部分孩子會享受在托兒所的時光。

養育孩子一定會遇到問題。你需要選擇對的地方（假設你有選擇），並且和園方溝通。如果孩子氣質特殊，有些地方能夠包容個別差異，有些地方無法容納特殊需求。如果他們無法接受你的孩子，你可能覺得你和你的親職表現有了問題，因為你的孩子無法融入。但是，你能夠獨處幾小時很重要，所以要盡可能和提供托育的人培養良好關係。（本章結束前，我們會回到選擇托育中心和學前幼兒園的主題。）

你需要面對事實，即使你不用上班，孩子也待在托兒所，你可能還是需要幫手來打掃家裡或洗衣服。

在家協助

我們會檢視一些狀況，先是一般性的建議，然後是針對孩子年齡的可能選擇。我們不只討論僱用幫手，也會討論當你覺得自己無法負擔幫手時，可以如何獲得協助。

一般性的建議

首先，讓我們承認家裡有幫手的缺點。我猜，高敏感父母更難接受讓別人照顧自己的家或孩子。必須是正確的人。如果事情不如意，必須辭退別人時，高敏感父母必須做出決定、面對不確定性、害怕讓人不高興。還有，這個幫手會待在你家裡，某些人會感到不自在。如果你將與此人獨處，你們需要能夠處得來。

即使如此，你**還是**需要幫手。決定僱用誰、決定何時開始僱用都需要時間，你必須學會在答案變得很清楚之前，能夠忍受不確定性。試著有一些備案，例如確定僱傭關係之前，先有試用期。

最重要的是不要和你僱用的人變成朋友，尤其是一開始的時候。當你對某件事情不高興，或是僱傭關係行不通時，「友善，但不是朋友」的關係可以讓一切都更容易一些。千萬不要參與他們的個人生活。如果他們想說，你可以簡短地傾聽一下，但是用肢體語言讓對方知道，你需要去做別的事情了。讓對方明白，你的角色不是聽他們訴說煩惱，更不要提供解決辦法或送禮物。在其他方面則要慷慨大方，例如節日獎金或額外服務的獎金。

與此同時，如果你可以負擔，而且你也喜歡你僱用的人，付費越高越好。問一問行情價，可能的話，再往上加一些。你要留住好的人，你也要讓他們知道你欣賞他們。要公平、清楚：如果孩子到了某個年紀，你就不會留他們了，請讓他們事前知道。時間一到，協助他們找到另一個工作。答應他們，你會提供一份很好的推薦信。

要友善（friendly），但不是朋友（friend）。

兩個人都上班時的在家協助

本章大部分是關於獨自在家照顧孩子的父母，如果你們兩人都想要或必須要上班呢？你們去上班時，需要有人照顧孩子，無論是在你家裡，或是別的托育地點。關於托育，高敏感父母的最大考量是：如果沒有請人做家務事，你還是不會有休息的時間，而是必須從工作轉換到帶孩子和家務事，中間不得休息。即使你為了請家政婦，能用的薪水更少了，也不要省這筆錢。想像一下，回到家，看到乾淨的屋子，衣服都洗好了、收好了，或許還有煮好的晚餐等著你。你可能也需要先獨處幾分鐘，然後才和孩子有優質的相處時間，以及和伴侶相處的時間。因此，除了白天的幫助，你還需要有人待到晚上，有時候甚至週末。

如果你有在上班，即使只是兼職，也可能為了沒有單獨在家陪孩子而覺得哀傷或自責。請不要將待在家裡陪孩子如此理想化了。出門離開家也是一件很棒的事。甚至於，離開的時間會讓待在家裡陪孩子的時間更為愉快。

主要的是，當父母都要工作時，不要兩個人都從事壓力很大、交通往返很久或工作時數很高的工作。如有必要，考慮換工作或減少工作時數，降低生活水準。最基本的是，你在家裡還是需要一些幫助。

沒有錢僱人時的在家協助

如果你無法負擔僱用幫手的費用，也沒有人能夠幫助你，不要絕望。用你的敏感來創造解決的辦法。

首先，祖父母、阿姨或叔叔呢？自己沒有孩子的親戚（某些阿姨叔叔或兄姊）可能特別有興趣兼職照顧有血緣的孩子。（在社會性動物中很常見到親戚代勞，讓父母可以去狩獵、餵養等等工作。這正是你需要的！）他們可能正在等著你開口呢。當然，如果他們自己沒有當過父母，關係可能比較微妙，你需要自己判斷。你要的是願意學習的照顧者。

曾經養育過孩子的親戚可能更難教育。每個世代養育孩子的方式都不太相同。我剛開始當祖母的時候，很熱心地看哈維・卡爾普（Harvey Karp）的影片《這條街上最快樂的嬰兒》（*The Happiest Baby on the Block*）。裡面有很多安撫哭泣嬰兒的好點子。有人半開玩笑地跟我說，在我看了影片之前，我沒有那麼常抱著我的孫子。說得也是。

我希望你有父母或其他親戚願意學習。或者你實在很感激他們幫忙，願意接受他們的養育方式。

葛雷格告訴我們，他的兒子還是嬰兒時，他的父母從另一州搬到他家附近，以便幫他太太帶孩子，他心裡非常高興。但是他們也帶來了一個問題：兩個人都抽菸。葛雷格很難說服母親只在室外抽菸。母親說，葛雷格小時候，她也在他身邊抽菸，現在他長大了，還不是好好的。葛雷格很有禮貌地給她看關於二手菸的研究。當他還小的時候，可能沒有人知道這種研究。他的母親改變習慣了嗎？葛雷格沒有說。

蘿莉描述了類似的經驗：

> 我的母親願意辭職，照顧我兒子，但是她抽菸。我們爭論了很多次，最後我選擇了抽菸的祖母。她向我保證她會到室外抽菸。當她被逮到在室內抽菸時，她說：「別擔心，我把菸趕到窗戶外面了，沒問題的。」每次我打電話回家，母親都會很惱火地說：「你以為我不會好好帶孩子是吧？孩子好得很！」
>
> 八年之後，我生了女兒，事情非常不同。我父親再婚了，他的妻子很喜歡小孩。我的繼母幫我照顧嬰兒。我選擇她，而不是我母親。我覺得有罪惡感，但是事情好多了。

第二，如果你別無選擇，不得不僱用幫手，同時覺得自己無法負擔費用，請一定要再次考慮一下。**即使每週只有幾個小時的托兒或有人幫忙做家務事，都可以提供你迫切需要的休息時間，以便當一位好爸媽。**

第三，考慮地方上為父母提供的資源，或許那裡有托育服務。光是去和其他家長相處就可以有很大的幫助，讓你和其他有相同景況的父母產生連結，或許他們已經找到幫手了。這種時候，不要害羞！

很多國家有二十四小時的熱線，協助你找到需要的支持，尤其是如果你聽起來十分絕望的話（你很可能真的非常絕望了）。如果你整天和孩子獨處或下班後和孩子獨處，遇到很多困難，不要害怕說出來。可能有政府或非盈利機構提供的協助可以取得。

最後，網路上也有很多好點子。請參考節儉媽媽（Frugal Mama）的網站（frugal-mama.com）。地方性的父母網路社團也可能有好點子。

為了離開家而上班

如果你無法負擔幫手，又受不了待在家裡帶孩子，你可以找個工作，兼職或全職都可以。你賺的薪水可以僱用幫手，協助家務事和托育服務。許多高敏感父母會告訴你，他們的收入僅夠負擔托育和家政婦的費用，但是他們不在乎。他們是為了遠離家中的雜亂，並且有機會和其他成人進行親職之外的互動（對於高敏人，二者都很重要），才出去工作的。他們可以在全職父母的身分之外，同時擁有另一個身分認同。如果你也是這樣，工作可能是一個好的選擇。雖然你比較少在家，但是你跟孩子相處時的情緒比較好，你的孩子可能還獲益更大。

當然，如果你下班後回家累個半死，上班就沒有助益了。小心選擇工作，壓力不要太大，不要太勞累，工作時數不要太長，職場的社交環境不要很糟糕。在家工作也是一個選擇，你可以經由電話或視訊和別人互動。如果孩子也在家，你會需要幫手，才能完全專注於你的工作，並且有一點休息的機會。當工作告一段落，你可以暫停時，如果想要花時間和孩子在一起，請真的放下工作，完全專注於親職。請注意網路上「在家工作」的騙局。如果可能，經由朋友或過去的職場關係找在家的工作。

再次強調：你為什麼需要幫助，以及你可能還有另一種需要

在第一章中，我提到一個研究顯示，一般而言，高敏感父母會使用權威（嚴格）或過度放任的親職風格，多於理想的親職風格。可能是因為他們經常受到過度刺激、即將崩潰。對我而言，這個研究指出，找到幫手是非常重要的事情。簡單地說就是「找幫手，或是情緒失控反而傷害到孩子」。

有些父母會不願意出錢僱用幫手，我對他們開玩笑說：「把你存了給孩子上大學的錢拿出來用。現實一點好嗎？他會不會去念大學、會不會成功，和你現在如何養育他有很大的關係。」我可能還會說：「如果他像你一樣，也是高敏人的話，就更是如此了。」（或是有任何其他個性特質必須好好處理，否則會很辛苦的孩子。）然後我會強調：「你如何養育他要看你有多少休息，因此也要看你能得到多少協助。花這個錢吧。」

我也會說：「以你的敏感度帶來的各種好處，他大概會成長得很好。但是為了你自己，花這筆錢吧，等到他大學畢業的時候，你還能活得好好的。」

我猜，你們之中，許多人都沒有得到足夠的協助，都很疲憊了，因此你經常落入很嚴格或很放任的親職風格。你這麼做是為了避免完全「失控」。我很確定你也失控過。如果你覺得自己的親職表現很糟糕，或**經常在孩子面前**發脾氣或情緒崩潰，你就需要另一種協助了。你需要知道在崩潰之前如何處理各種狀況。

一個方法就是停下來，想一想愉快的事情、長遠之後你希望發生什麼事，以及你現在必須做些什麼，以後才能達到目標——只要你再堅持一會兒。記得要是愉快的事情喔。

為了進步，你可以整天練習暫停，即使你還沒有到了完全受不了的程度，一想到就這麼做。或許在暫停的時候，你會發現其實你已經走向「失控」的邊緣了，因為暫停才免於崩潰。或許你只需要一點點的自我照顧，結果不但對你有益，也會對孩子有益。我知道，說比做容易多了。

孩子亂發脾氣、總是抗拒、不聽話、說謊、一直哭鬧、要求不合理，以及做出各種讓你崩潰的行為呢？有許多專家為此寫書、寫網路文章、開線上課程、提供諮詢，教父母如何保持冷靜、運用實際可行的有效方法。實在是太多了，我沒辦法一一列舉推薦。請運用這些專家的建議，但是要選擇好的專家。搜尋他們的信用，檢視他們的文字與演講。你的直覺會告訴你他們是否可以協助你。

許多專家也做一對一的諮詢，可以是面對面或是電話諮詢。我的網站和其他為高敏人設置的網站上都列出了一些資源。例如，愛麗絲・雪儂（Alice Shannon）的部落格「傾聽他的氣質個性」（On Listening to Temperament），有幾篇針對高敏感父母的文章。和親職顧問建立關係，讓你的親職顧問足夠了解你和你的孩子。之後，你若遇到問題、需要提醒，或是孩子到了一個新的發育階段，就可以打電話去，快速得到協助。

你特別需要學習孩子是什麼氣質個性，不只是孩子是否高度敏感，而是了解專家談到的九種氣質。關於氣質分類，最經典的就是瑪莉・庫爾欽卡（Mary Kurcinka）寫的《家有性情兒》（*Raising Your Spirited Child*）。專家會告訴你，有些孩子就是很困難（但是庫爾欽卡是用正面的方式描述這些孩子）。如果你的孩子正是如此，你可以對自己的崩潰少一點自責。但是你的未來任務確實更大。這些孩子需要特別有技巧的親職表現。不過，即使是容易帶的孩子，了解他的氣質個性（過動、轉換困難、容易分心、戲劇性……）還是比較容易避免困難的時刻。

重點是，有些點子你可能自己從來不會想到。我當父母的時候，這些點子可以大大幫助我，但是當時根本不存在。如果直到目前你都還沒有這麼做過，沒有關係。不要覺得：「喔，糟了，我犯了這麼多錯誤！」學習並運用這些新技巧，讓自己可以用你想要的方式養育孩子。如果這些技巧對你而言是新的，你會需要一些時間熟悉、進步。**做不好的時候，不要自責。**你會表現得越來越好，越來越覺得自己有能力，越來越不會崩潰了。

在童年每個階段找到協助

請注意我說**每個**階段。童年的每個階段都有不同的需要。

嬰兒時期的幫助

似乎，每個人都了解新生兒的母親——以及父親——需要協助。這是長久以來的傳統。如果你的家人無法協助你，伴侶也無法取得育嬰假，你會需要其他協助。你必須事先就找到人，時間一到就可以過來協助你。身為高敏感父母，你不希望一面照顧新生兒，一面找幫手。

你可能已經生了孩子，所以我就不比較高敏感父母和陪產士、助產士、護理師合作的益處了。這些人很多都有專業執照。在你居住的地方，可能還有各種不同形式的協助可以取得。其實，好的協助人選不見得一定得有執照。有經驗的保母可能一樣好，或許還比較便宜，又可以待得比較久。詢問之前雇主的推薦，你若認識推薦者就更好了。

如果你是新手父母，僱用有經驗的父母或接受過專門訓練的幫手，確實很有幫助。但是不要覺得自己無能，即使你確實是新手父母。你仍然是老闆。如果你讀到處理某種狀況的新方法，例如何時開始讓嬰兒吃副食品，你僱用的幫手必須照著你的規定做，即使他們以前不知道要這麼做。高敏感父母往往有某種直覺，或是讀過某些別人不知道的資料，很有可能是對的，尤其是關於你的孩子的事情。

確實，管理家務的方法很多，但這是你的家。別人可以提出建議，但是你不喜歡的話，你必須能夠對幫手說：「聽起來是個好主意，但是我不想這麼做。」記得，你不需要為自己解釋。

幼兒時期的幫助

你可能已經知道，帶起幼兒就像嬰兒一樣困難，只是難處不同。好處是幼兒讓你有更多機會出門，可以和其他家長一起相處。有些人會回去上班。但是你還是需要家務幫手，因為你必須花更多時間看著幼兒，無法做家務事或休息一下。

如果家中有比較好動或不好帶的幼兒，即使有日間的托育服務，你在家裡也可能需要某種協助。你的幫手必須了解這個年紀的兒童發育。沒經驗的幫手可能認為幼兒的哭鬧有更為成熟的動機，例如想要操控或是不喜歡他們。

你認為自己無法負擔幫手的費用嗎？發揮你的創意。有時候，待在家的父母或有兼職工作的父母可以和你交換勞務。和自己的孩子一起待在家裡，再加上一兩個別家的孩子，讓他們的父母有時間休息或工作，然後互相交換。

身為高敏感父母，要考慮幾件事情。首先，如果你們輪流看孩子的話，同時照顧兩個孩子可能過度刺激，所以一開始先試用一段時間。

第二，即使家裡只是多了一個孩子，也增加了環境中有更多細菌的可能，你也會有更多工作，因此，你可能有時會非常疲憊卻無法休息。

第三，你通常是和鄰居或朋友合作，注意可能的衝突，例如孩子可以看多久電視。

你也可以嘗試更有彈性的父母合作社團，由一群你可以信任的家長組成。每一位家長幫忙照顧別人的孩子就可以賺到點數，之後，自己需要保母時拿出來用。

你必須確定輪到你看孩子的時候，你有能力照顧孩子。這可能要看有幾個孩子屬於「容易照顧」的類型、孩子的年紀、年紀差別與範圍、家裡的資源、是在你家還是在他們家而定。

另一個選擇是設立「分享保母」的社團，你可以在網路上找到。如此一來，沒有父母會需要因為一個人帶太多孩子而不堪負荷，幾個家庭可以合請一位資格更好的保母。缺點是幾個家庭共用一位保母時，有的家庭可能對保母有所不滿，而你需要出面調停。或是就像輪流照顧彼此的孩子一樣，你和其他家庭可能不同意要如何對待孩子，例如吃多少、一開始吃什麼。你不希望保母餵每個孩子不同的食物。你們需要一起決定保母要做多少家務事。請記得，如果有不只一個幼兒，保母能夠做的家務事會少了很多。

高敏感父母選擇托育中心或幼兒園的建議

到了某個時間點，你可以減少家裡的協助，而有更多家庭外的協助。如果是之前都待在家裡的幼兒，你必須覺得孩子已經夠大了，可以上幼兒園了（有學習課程的幼兒托育）。幼兒園裡會有更多孩子、更多結構、更多刺激。期待一點適應的時間。一開始，你在多出來的休息時間裡可能充滿擔憂，不知道孩子在學校裡過得如何。

而且，就像選擇在家裡的幫手一樣，你會面臨選擇正確幼兒園的問題。（如果你能夠選擇的話——可能離家近是最重要的。）有許多變數需要考慮，對你而言，問題可能是有太多事情需要考慮了。你必須準備好了，面對選擇錯誤，未來需要轉學的可能。如果真的需要轉學，不要太苛責自己。（下一章會討論做這些決定時，高敏感父母面對的困難。）

試著留下足夠的時間，確保你可能選擇的幼兒園還有許多空額，澈底研究這些幼兒園，運用以下這些來自家長的建議：

❁ 問其他需要做同樣決定或是已經做過決定的家長。在網路聊天室或臉書社團尋找附近使用過這些幼兒園的母親。有些人對幼兒園做過澈底的研究，雖然你們的價值觀可能不同，也會有幫助。一位家長說：

一位鄰居為每家幼兒園都做了一張詳細的表格，他們不喜歡我們選擇的幼兒園，因為學校讓班級養的兔子在院子裡自由奔跑，草地上還有兔子便便。當然，我要我們的孩子安全，但我更信任我的印象，以及我對這個地方的感覺。

重點是：有些人可能喜歡用表格列舉各種細節，以便做決定。有些人則喜歡靠直覺做決定。

❁ 考慮小型的幼兒園，師生比很高。

❁ 了解幼兒園期待家長參與的程度。你可能想要充分參與，也可能不大喜歡參與這些事務，這要看你是外向或內向的人。了解一下這個地方是否適合你的氣質。如果你還有另一個孩子，你不希望有太多你必須參加的額外活動，或是太多你必須回應的人。

- 了解老師的教育和經驗，以免你之後感到失望而必須轉學。無論教育程度如何，老師應該很溫暖、關懷，讓你感到自在。最重要的是，對你的孩子有興趣。
- 考慮你接送孩子上學時，必須開車多遠。能夠走路就到是最好的了。一位家長發現，離家近的幼兒園使得親子分離更為容易：

  我們找了離家不遠的幼兒園，因為對我們高敏感的孩子而言，往返很累。我們可以走路上學，我們的高敏感孩子在戶外很平靜。我們走路上學的時候，從家裡到學校的轉換很順利。我開車去幼兒園的日子裡，轉換總是很困難。

- 即使你的孩子不是高度敏感，還是要找一家沒有幼兒一直尖叫著跑來跑去的幼兒園。老師是否能夠有效率地處理孩子之間的衝突？有好的戶外空間嗎？孩子回家後，還是會受到學校環境的影響，你希望孩子盡量發展出寧靜的個性，以便符合你對家庭寧靜的需要。

❁整體而言，找一家適合孩子氣質的幼兒園。如果你的孩子氣質不尋常，例如高度敏感、過動、轉換不易、戲劇性，了解一下老師是否理解氣質差異。人們不太了解高敏感氣質，你可以不用這種詞彙，但是你可以運用高敏人四種特質，提到孩子對事物的反應。研究顯示，敏感孩子比其他孩子更容易受到托育環境的影響。在好的環境，他們比其他孩子更能茁壯成長；在不好的環境，他們比其他孩子更為受苦。這確實是個重大的決定，但是請你放心，你不會選擇真正糟糕的地方的。

一位高敏感母親說到她如何根據兒子的氣質選擇幼兒園：

在瑞士，不是每個人都知道什麼是高敏感。大家經常誤以為這是某種診斷，像是過動症。我不希望別人誤解。當我跟幼兒園老師談到我兒子時，我會解釋高敏感是怎麼一回事。我發現，如果我解釋了高敏感的鹿和其他鹿的例子（其他鹿快樂地跑到草原上，高敏鹿則等一下，先看看是否安全）之後，老師更能理解我的兒子。我說得很清楚，這不是害羞。我也說到高敏兒的感受強烈，很容易受不了太多刺激。如果老師似乎聽不懂關鍵議題，就不是我們要的幼兒園。

學齡時期的協助

學齡時，孩子會在學校待比較久，你需要的協助主要是家務事或開車接送孩子。如果你上班，或是決定要回去上班，你會需要課後照顧，直到你下班去接孩子。另一個考量是學校和家裡的距離，以及交通狀況。你會經常需要開車往返，比你能夠想像的更為頻繁。公立學校可能離家最近。

有些家長會考慮私立學校或在家自學。又有更多的決定要做了！在家自學可能最有吸引力——這表示你會持續需要在家裡的幫手。記住，身為高敏感父母，你需要考慮孩子（或許不是高敏人）是否需要你在這個年紀所需要的保護和督導，而且學校或課後輔導或許無法提供。請注意這會如何影響你的決定，因為比較沒有那麼敏感的孩子在夠好的學校或課後輔導（如果你下班較晚）也會好好的。

在這個階段，決定你會需要多少協助的另一個考量，是孩子放學後以及週末應該有多少活動。課外活動可能需要頻繁接送，你也會面臨很多刺激，例如球隊練習時，你得和其他家長相處。如果你週間上班，類似足球練習的活動可能占據週末很多時間，這時你最需要的是休息。所以，選擇你需要的協助時，考慮一下你是否需要請一位好的司機，接送孩子去參加活動，甚至留在球場旁，滿足孩子希望被看到、被欣賞的需求。觀察一下，你的孩子在什麼活動時最需要你在附近，什麼活動比較不需要。要記得，你越少參與這些活動，就越不認識其他家長。這件事情對你或許也很重要。所以，平衡一下你在場與否的時間分配。或許你可以為自己解釋一下，活動到一半時，你可以說：「我想我現在要去車上待一會兒了。我需要休息一下。」我想，每一位家長都能夠理解，即使你比他們不在場的時間多。

孩子進入青春期時的協助

在這個階段，我希望你的青春期孩子會幫忙做家務事，你也可以信任他獨自待在家裡，或是和朋友出去，而你只需要從遠端監督活動。因此，你會需要較少的協助，也更能夠負擔得起了。你現在最需要的可能是有人開車接送他們，或是他們放學時有人在家裡，以及任何你無法提供的陪伴照顧。要確定你僱用的人可以和你的孩子相處愉快，並且多少了解青春期孩子是怎麼回事。

結論

如果你比別的家長更仰賴花錢僱用的幫手協助你養育孩子，除了罪惡感和經濟壓力之外，你也可能受到高度的同理心和良心的影響。記得第一章說過了：體驗到同理心時，你的腦子有一部分會比別人更容易活化，使你覺得好像事情是發生在你身上似的。記得第二章說過，高敏感父母比其他父母更會同意這句話：「當孩子有重大成功或失敗時，好像是發生在我身上似的。」

在親職中，同理心是好的特質，但是送孩子去幼兒園或學校時，同理心卻讓分離更複雜了。如果孩子哭鬧或抱怨，你需要更深入地了解為什麼。或許你可以花一些時間，趁他們不注意時觀察他們，找出他們在幼兒園是否過得開心，如果不開心，是為了什麼。如果你在這個年紀時，在幼兒園或學校過得不好，或只是不喜歡離開父母身邊，當你和孩子分離有困難時，小心不要把你以前的感覺投射到孩子身上。這樣的投射會縮短你的休息時間，也減少孩子和其他兒童相處的健康經驗。

僱用家裡幫手時，過多同理心也有同樣的問題。你把孩子留給「陌生人」時，也會感覺到同理心。或許，你會把自己小時候和保母一起的經驗投射到此刻的情況，即使現在的情況和以前並不相同。有些孩子看到保母來了會不開心，希望跟著父母出門，而不是被留在家裡。但是你不在的時候，他們其實很享受不同的陪伴。你確實需要傾聽孩子對保母合理的抱怨，或是留意保母不負責任的跡象，例如，如果你要求他們清理家裡，回到家卻看到亂七八糟的屋子。

你可能也對你僱用的幫手感到同理心，她可能比你窮，或許把她自己的孩子留在家裡，來照顧你的孩子，而她的心裡希望自己不用這麼做。**總之，你想要盡量減少負面經驗，但是不要承擔太多，或是想像一些其實不存在的事情。**

無論是在家裡或家庭外，僱用幫手時，你一定要符合現實。有些事情確實會發生。**你必須照顧好自己，才能成為你想要的那種父母。記得飛機上的指示：自己先戴上氧氣罩，然後才幫孩子戴上。**

第 4 章

處理過程的深度

做決定，從買最健康的品牌到你的生命意義

一位高敏感父母說：

> 我每天必須做的決定完全令我受不了，所有的決定讓我動彈不得。

高敏人唯一的先天問題就是非常容易受到過度刺激。例如，想像一下，超市有這麼多選擇，輸入這麼多刺激。高敏感父母還要加上一兩個孩子帶來的刺激。我們自己喜歡深刻處理的脾性也為我們造成負擔。

另一位高敏感父母說：

> 似乎，比起不那麼敏感的親友，我更難以適應親職。我需要更為經常地反省整個狀況。

我們做決定時喜歡深刻思考，這需要花一些時間。一九九三年，兩位心理學家派特森（Patterson）和紐曼（Newman）進行了幾個研究，發現人們面對失敗時，有兩種不同的反應。一種反應是盡快重新嘗試，一種是花時間反省，然後才重試。當然，後者都是高敏人。（不過一九九三年用的詞彙不同。）

這是個好的策略，只是很花力氣。二〇一八年一項關於做決定的研究中，凱絲琳・沃斯（Kathleen Vohs）和其他五位研究者讓受試者做決定（例如，在一堆商品中做選擇，或是大學要選修什麼課程），控制組只需要評量選擇。受試者做了決定或評量之後，再給受試者各種任務。需要做決定的受試者在所有任務的表現都較差（同時，他們在進行「重要」數學測驗前會拖延）。做決定讓他們無力執行其他任務，包括簡單的自我控制。

隨著時代發展，做決定並沒有變得更容易。例如，沃斯的研究是根據一九七六年美國超市做的選擇，當時的超市提供了九千項不同的商品。他們在二〇一四年寫這篇文獻時，美國超市平均有四萬項不同的商品。幾乎是以前的六倍！我很確信，親職所需要做的決定也增加了同樣多。作者回顧了關於做決定的文獻，討論到很多之前的研究，顯示在某一個點之後，更多的選擇會讓做決定的人對這整個經驗感到更不快樂。

對於高敏感父母尤其如此。在我們的研究中，高敏人更容易說：「親職裡的決定讓我發瘋！」

我們來看一下。要買哪種尿布？一個小的決定，但是一旦選錯了，就會產生實際後果。你的能量要不被浪費掉，要不省下來。家庭食物的選擇也是一樣，看起來決定很小，但是你知道長期下來，後果會累積。孩子有選擇好孩子做朋友嗎？你應該干涉嗎？至於選擇學校，學校品質往往取決於你住在哪一區。你應該為此搬家嗎？這真是一個很困難的決定。

記得，我們處理的深度和我們較為強烈的情緒反應是綁在一起的。一個人越在乎一件事情，他們就越會思考這件事情。這是為什麼學校有考試。假設學生在乎考試成績，考試誘使學生努力表現，或是害怕考不好，情緒將成為他們學習的動機。

對於高敏感父母，最強的動機就是對孩子的愛。所有父母都愛孩子，但是高敏感父母或許更愛（當他們沒有受到過度刺激、沒有崩潰的時候）。我們會想要謹慎處理每一個決定，好像每個決定都是最重要課程的期末考似的。我們需要考慮事實，以及我們對事實的情緒，加上不確定性和危機因素。一時之間，我們無法立刻處理完畢，所以我們需要休息時間，重新補足能量，消化我們所有的經驗，包括做決定——要做的決定和已經做了的決定。不用我說你也知道，家長的休息時間很少。

讓我們看看是否能減少一點做決定所花的能量。

如何協助高敏感父母做那些討厭的決定

有些決定可以很快，你甚至沒有注意到。我在第一章說過，你是在運用以前收集到的所有資訊產生的直覺。有些時候，你甚至沒有注意到自己收集了某些資訊。有時候，你還必須決定是否信任自己的直覺！有些決定可以很折磨人。

以下是一些建議：

❀ **面對牽涉到的不確定性。**困難的決定一定會牽涉到不確定性，否則你早就做出決定了。是的，你的高敏特質想避免錯誤，但有時我們無法事先預測關鍵元素。接受吧。

❀ **如果你錯了，你會多不開心？**真正有多嚴重？你是否能夠放下自己犯的錯？你是否能夠看到宏觀，了解「犯錯是人性」？一年後，或十年後，你還會在乎這件事情嗎？你用的嬰兒推車品牌會影響孩子上大學嗎？訓練孩子上廁所的不同方法之間，無論有何細微差異，他都不會穿著尿布上高中。而且有時候，以為錯誤的選擇後來卻發現沒有問題。

❀ **試著有退路。**嬰兒推車可以退嗎？訓練孩子睡覺時，如果一個方法不管用，你可以改變方法嗎？你可以早一點離開母親支持團體嗎？為何不事前想好離開的藉口？如果你決定離開，有誰會真的在乎嗎？

❀ **關於做決定，小心你問誰的意見。**尤其是那些沒有高敏特質的人。和你的決定不相關的人可能發表強烈意見，而且專注於決定的某一部分，不知道全部事實，也不會設身處地，想著如果他們在你的情況會怎麼做。如果你用他們的口氣說了些什麼，大概表示你本來就已經幾乎確定，但不要假設他們的想法值得考慮或必須遵從。他們之後發現你拿他們的話當真，可能嚇一跳呢。你可以把他們的意見放在心裡，尤其是如果我們尊敬這個人，或是決定做出相反的決定時。要小心那些如果你不遵從他們的決定，就會不高興的親人。有些不是高敏的人會覺得你做決定時簡直沒有用，或是因為你的無法做決定而緊張不已，因此會逼你快點決定：「你選這個不就好了嘛。」不。這不是你的風格。謝謝他們，告訴他們你還要想一想。

❀ **要問誰呢？**問那些有你缺乏的資訊的人，有年紀較大的孩子、已做過類似決定的人，例如買哪種嬰兒推車、選什麼學校或牙醫。最重要的是問那些會真正聽你說話、回應他們聽到的話的人：「我聽到你了，你很煩惱，不知道要不要再生一個。」小心那些不仔細聽卻會表達強烈意見的人，例如關於大家庭或獨子的道德正當性這樣的議題。

❀ **當然，使用網路上的資訊。**用你的直覺在網路迷宮中挖掘資訊，用你的敏感決定資訊來源是否可靠，讓你的自我照顧系統決定何時停止搜尋。

❀ **平衡你和別人的需要。**有時候，你的決定會影響孩子以外的人，因此產生衝突。想一想身為高敏感父母，你有什麼需要，或是你確定孩子有什麼需要。如果可能，解釋你的理由，但是堅持你的決定。你不只是可以堅持，而是必須堅持。你需要學習不用討好每一個人。

❀ **何時必須犧牲你的需要或意願**——我們很容易這樣做，因為我們特別容易同理別人——要非常小心，不要一時禮讓，最後卻怨恨別人。

家長都必須做許多小的決定。如何縮短做決定的時間並放鬆呢？

1 **刻意地做以上建議的小規模版本。**你**不需要**為一切都做研究，或是考慮萬一決定錯誤會怎麼樣。**這是小事。**

2 **要有自信，身為高敏人，你很擅長做決定的。**如果你是新手父母，在孩子的各個階段，都可能很難做出正確的決定。有時候，你確實不會做出正確的決定。但是你從錯誤中會比別人學到更多教訓，因為你會更深刻地處理後果。

3 **可能的話，在安靜的地方快速做決定。**決定要購買什麼時，我常常走到店外或是回家。銷售人員會跟你說機會難得，因為他們不希望你再考慮了。每次你往門口移動，就會發現價格越來越合理。告訴自己：「總是會有下一班火車。」

4 **讓你上一次的選擇過程發揮效益。**當你有足夠的資訊，或是之前曾經逛過這家店，自然會知道如何決定。

5 **關於超市的購買決定。**尋找「品項有限的超市」，考慮去那裡買東西。看不見就不會想買！

1 **要有自信。**關於做決定，你並不「糟糕」。「糟糕」只不過代表「以別人的標準而言，你比較慢」而已。但是想想看吧。我猜，你的決定通常是正確的，至少是對你而言。如果你犯了錯誤，是的，你下次可能更慢，想要做得對，但是你不會犯第二次錯誤了。花時間做重大決定幾乎可以保證這個決定會更好。

2 **收集越多資料越好。**一定要考慮資料的品質。提供這些資訊的人是否其實想引導你做出結論？例如，決定是否要搬到另一個城市時，可以去那裡的商會找資料，但是別指望他們會告訴你這個地方的缺點。你可能會考慮這裡的每日平均溫度。探索過相同主題或做過類似決定的人可能是很棒的資源，但是要考慮他們的知識是否廣泛、是否精確，以及他們的動機。

蒐集資料的建議

如果可以的話，用**谷歌學者**（Google Scholar, scholar.google.com）尋找真正的科學研究資料，而不要用一般的谷歌頁面搜尋。如果你喜歡真確的事實，谷歌學者是很棒的資源。不過，即使是科學資料也可能有爭議性，或是有他們隱晦的理由，所以才有不同的結果。

有些谷歌學者的文章右方有連結按鈕，可以連結到完整的文獻。如果只有摘要，你就需要付費閱讀完整文獻，除非你可以使用大學圖書館查詢。但是往往摘要就夠了。

你可以按鈕查詢誰引用過這篇文獻，往前追蹤。例如，如果你想決定讓孩子看多久電視，一定有研究顯示電視對孩子的影響——或許文章還會太多了，你無法一一詳閱。一個解決辦法是以年分搜尋，在文獻的左方有此按鈕。或是打「回顧」（review）或「整合分析」（meta-analysis）的字樣，都會針對相關研究做出總結。他們不會為你做決定，因為決定牽涉到你的價值和需求。但是這種資料可能有幫助。

有時候，如果牽涉到你覺得孩子可能有的某種異常，或是讓你擔心的健康或行為上的改變，或許最好請別人幫你搜尋資料。如此一來，你不會因為讀到一些極端的例子或是錯誤的資訊而情緒受到影響。有時候，我會在谷歌學者網站打入疾病的學名和住家附近最好的醫學院，就能找到最好的醫療專家。例如，如果你住在洛杉磯，需要尋找氣喘的資訊，就打入氣喘和加州大學洛杉磯分校或是南加州大學的字樣。在你家附近的文獻作者是熟悉這個疾病最新發展的專家，你可以去拜訪他們，或從他們那裡知道你家附近有誰是這方面的專家。

3 **列出清單。**我丈夫和我曾經必須決定是否要搬到美國的另一端。這個決定很困難。我們知道要考慮很多的變數，以及極大的不確定性。我們的腦子充滿各種情緒和收集到的資訊。為了不至於忘記任何因素，也不想被這些因素弄得筋疲力盡，我們做出清單，全部因素都列在上面，包括情緒上和經濟上的考量、對事業的影響、社區品質、氣候、是否喜歡那個地方、必須交新的朋友等等。保持整體宏觀是很重要的事情，不要在我們需要思考某件事情的時候，更不要在我們想睡覺的時候，覺得自己的腦子從一個議題跳到另一個議題。

4 **列一張更仔細的清單。**以上的清單啟發我們將清單做成試算表。聽起來很理性，或是很技術性，但是其實當我們在評分對每一個項目的感覺時，感受會很深。也可以想像一旦評分的數字改變，感覺的程度也會不同。我們在每一個項目旁邊用數字評分，從一到十。數字代表我們對這個項目成功實現會感到多麼快樂，以及如果沒有實現，會多麼難過（這又是另一個議題了）。我們也列出，一旦搬離這個城市，離開那些會讓我們不喜歡的元素，會多麼開心，以及放棄原本讓我們喜歡的元素會多麼難過。然後我們為每一個項目評分，例如「我們會不喜歡那邊的文化」得了一分，「離開原住處會很難過」得了九分。我們也列出生活品質的改變、房地產價格的比較、任何稅務的改變等等。有了試算表，我們可以加總、計算平均值、根據我們的感覺和資訊改變決定、即時看到新的總結。我們這麼做的時候，發現了好幾個驚訝之處。最後的結果是我們決定不搬家了。我們從未後悔。**即使你的決定讓你真的採取行動，但是結果卻不如預期，你也知道你是為了什麼而做此決定，因此減少自責。**

5 **花一分鐘、一小時、一天或甚至一週的時間，假裝自己已經決定好了。**感覺如何？往往，一旦做了決定，另一個選擇看起來會不一樣，讓你有機會更生動地想像你已經決定之後的景況。

6 **不急。**我最受驚嚇的決定經驗，是那些無法撤銷、反悔，而且又有壓力的決定。如果一兩天之內就必須做出會改變生命的決定，一定會讓你過度焦慮和苦惱。所以，遠在期限到來之前，在生活中留下足夠的時間做決定。空下專門用來考慮的時間，一天之中的其他時間才不用焦慮。（當然，你還是會整天想著這件事情。）如果可以的話，要求延長期限，或是給自己更長的期限。不要擔心你永遠無法做出決定，因為常常忽然有一天你就有答案了。

7 **一旦做了決定，試著信任自己的決定。**一旦決定了，你可能還是有很多不同的想法。要記得你已經盡力了，不要做了決定之後，還一直為這個決定煩惱。也請你記得，如果你為了逃避做決定而一直拖著不做決定，你也是做了決定。

容易忽視的重大決定

我很確定，一般而言，高敏感父母更容易做出關於親職價值觀的重大困難決定，例如，他們想要鼓勵或不鼓勵的家庭習慣。但是他們也經常遲疑、不確定或害怕其他人會不同意他們的選擇。就這一點而言，猶豫太久就等於是已經做出決定了。你將會持續做著你一向都在做的事情，無論這是你刻意的決定，或是自然發展出來的情況。

無論是決定或自然發展，我覺得**高敏感父母會有足夠的力量，敢於實踐自己的價值觀，讓別人看到他們的價值觀，並且可能從中獲益**。或許你希望你們家都吃素、住在不戴頭巾的國家卻希望女兒戴頭巾，或是因為家庭資源有限而不穿最新流行的服裝。還有，孩子應該花多少時間做家務事？應該給孩子多少零用錢？看多久電視？社交媒體？哪些事情讓孩子自己決定？你會如何處理關於毒品、性、酒精等議題？這些都是困難的決定，仔細想一想，包括思考一下你的決定將如何影響家中每一位成員。然後**時間一到，勇敢地表達你的價值觀，保持彈性，持續學習**。

以下是你應該考慮到的幾點。你的決定會鼓勵你或為你提供更多休息時間（尤其是真正的內在安寧）嗎？這個決定對別人的影響如何？我知道你會很自然地為別人著想，所以你需要想一想，長期下來，這個決定將如何影響你自己？要宏觀地想。你的真心是什麼？問一問自己。我發現，我們的心裡往往有令人驚訝的答案，和你有連結的身心其他部分也是如此——例如你的內在小孩，或是你心中想到的某個祖先靈魂。

最後，你內心深處的靈魂會說什麼？喬安．波里山科（Joan Borysenko）和高登．德維林（Gordon Dveirin）在他們寫的《你的生命羅盤》（*Your Soul's Compass*）書中，訪談了許多位牧師、猶太拉比、蘇菲行者、基督教神學學者、智者、直覺強的人、大師，發現大家一致的共識是：心靈導引給人的感覺往往是自然、有效、輕鬆、寧靜、優雅的。這也是做決定的美妙特質。

關於做決定，容我再說一句：高敏感父母本質上就會考量到許多面向，因此很有資格給其他父母提供建議。可能是聊天或臉書留言時隨意說出來，或是你自己寫網誌或寫書。

要不要再生一個孩子

對於大部分的高敏感父母而言，親職提供了他們最美妙的時刻，以及最糟糕的時刻。有些人很清楚自己要什麼，有些人不清楚。親職經驗如此張力十足，我丈夫和我遲遲不敢生第二個孩子，絕對是受此影響。直到我們發現，遲遲不做決定就已經做出了決定。

往往，決定再生一個孩子有很大的壓力。高敏感父母可能覺得如果不給孩子一位手足，會有罪惡感，尤其是如果他們自己很喜歡有手足的經驗。他們可能害怕獨生子女會變得自私。他們自己的父母可能給他們壓力，要他們多生幾個孫子孫女。

正面來說，高敏感父母決定再生，除了以上原因，也可能想運用他們已經學到的知識。他們想要更能享受生養孩子的快樂，覺得自己第一次為人父母時，因為過度疲勞和困擾而錯過了許多，或是他們只是很單純地想再體驗一次。有時候，就是會很想看到一個結合了你和伴侶兩人特徵的新的嬰兒。

另一方面，如果你在猶豫，可能就是一個跡象了。記得：你總是能夠讓獨生子女的人生過得很棒的。確實，他們可能因此獲益，他們可以獲得成人全部的關注。他們也不用和手足競爭或偶爾受欺負。還有，尤其是高敏感父母年紀較大之後，沒有像其他父母那樣的力氣了。他們會猶豫自己是否能夠處理增加的刺激與紛亂。要確定這個決定適合你，而不只是為了滿足想要很多孩子的伴侶。

三位高敏感父母回想自己要不要再生第二個孩子的決定：

我已經有一個嬰兒了，而且當時不知道高敏這件事。我覺得，家人給了我一點壓力，過早再生了一個孩子。我的女兒（第二個孩子）為我們大家帶來很大的喜悅，教會了我，不是每個人都像她哥哥和我一樣那麼緊張。

我以前一直想像自己有三個孩子，但是現在我知道家裡有兩位高敏人，我可以接受自己無力管理三個孩子了。

◆　◆　◆

我大部分內向的朋友都沒有孩子，或是只有一個孩子。他們似乎本能地知道自己養育孩子的能力如何，比較早就不再生孩子了。可是我忽視了每一個紅色警告旗幟。我忽視了我需要很長的獨處時間。我沒有注意到自己多麼需要一對一的對話。我以為一邊聽音樂、一邊做白日夢是天賦人權，應該受到尊重。我以為大人工作時，孩子會自己玩。

◆ ◆ ◆

我知道當我必須面對好幾個人的時候會受到過度刺激，我堅持只要一個孩子（尤其是我已經有兩個繼子了）。在快樂時刻，我也會有一點猶豫，尤其是看到我的孩子這麼喜歡跟人在一起，但是現實總會讓我清醒。

在親職中運用處理的深度

最後，讓我們深刻思考親職本身。對於你們，許多人會覺得親職是真正的天職，也會很容易進入祖父母的角色。當然，親職有其令人疲憊之處，而且還會受到過度刺激，但是和孩子在一起、協助他們找到自己、保護孩子不受到創傷，可能是最有收穫的工作了。即使是日常生活，也可能為天生就喜歡當父母的人帶來許多挑戰和機會。

親職（不只是把孩子生下來而已）是人類最重要的任務。但並不總是像事業、專業或天職一般受到尊敬。每個人都需要受到尊敬。

解決辦法就是找到有同樣天職使命感的人，彼此支持。這就是為什麼父母支持團體可以幫助你。你也可以攻讀兒童早期教育的學位，以支持你的天職。你也可以倚賴認識的人尋求支持。例如，你或許成長在大家庭中，你的父母認為養育孩子是他們的生命意義。更好的是，他們可能還在世，支持你身為父母的天職。

最後要記得，走上某些生命道路的人——詩人、藝術家、音樂家——往往也有類似的問題，別人不覺得他們真的在工作。高敏人可能會說，他們的人生道路也是人類物種的重要工作之一。**無論別人是否尊敬你的選擇，你都要走自己的路。**

另一方面，有些父母（絕非全部）發現養育孩子的生活絕對不是他們的天職。這些父母有很痛苦的選擇，或是沒有選擇。如果你就是如此，或許你為了親職放棄了事業，現在後悔了，或是發現自己很難回到競爭的職場。或許你還在尋找真正的天職，或許你只想找個滿意的工作，但是現在必須賺錢養家，無法自由追求或尋找你的天職。

蓓莉・傑格（Barrie Jaeger）寫的《老是換工作也不是辦法：善用敏感特質，縱橫多工職場》（*Making Work Work for the Highly Sensitive Person*）中，有一個重點就是她談到無聊的事、技藝和天職。高敏人最怕的就是無聊的事。對某些人而言，只要有薪水，可以用這筆錢做好玩的事或是養家就夠了。即使工作重複性高，或是工作量不夠，使得時間過得很慢，也可以接受。這就是無聊的事，工作本身沒有意義。對高敏人而言，這是**極其乏味**的。

技藝是我們擅長做某種事情，或是仍然在學習某件事情，我們會專心投入。這種工作帶來挑戰、興奮感、自我成長和趣味。我們一旦學會之後，這個工作就可能索然無味了。

另一方面，你的天職則是你覺得這就是你要做的事情，雖然其中也有其無聊之處，你也不在乎。這樣看待工作，是有一點浪漫，幾乎把工作視為靈魂伴侶了。對於高敏人，真的是這樣。你的天職可能會隨著時間改變，就像你這一生也可能換過幾位伴侶一樣。你的天職可能很廣泛，例如寫作，你寫的東西可能隨著時間而改變。但是在當時，寫作就是覺得對勁。

天職之中，含有我們的自我認同。當我們被迫做別的事情時，在我們自己和別人的眼中，我們都有了另一種認同，我們會覺得失去了自我。如果我們知道自己有一天可以回到天職，會有所幫助。但是如果那一天看似遙遙無期，或是要等很久之後，我們很容易失去宏觀。

如果你不確定自己的天職是什麼，但是知道你正在做的事情不是你的天職，就會更難覺得自己是一個真正的人，做著有意義的事情。

如果親職不是你的天職，決定怎麼做

很顯然，根據天職的定義，親職不是每個人的天職。你還是一個很好的人，但是你可能覺得迷失。

- 如果你**還無法**回到天職，為了避免悔恨和苦澀，你需要花一些時間從事你的天職，一點點都好——例如，去地下室演奏音樂並錄下來、閱讀專業雜誌、種植有機花園。無論是否能夠真的讓你趕上專業的進展，都要這麼做。
- 你可能就是想回去上班——不是為了錢，而是回到你的天職。雖然回去上班之後，你無法全天候親自照顧孩子的需要，但是我很確信你會小心謹慎地找人照顧到孩子的需要。**千萬不要**覺得有罪惡感。**人類的獨特性之一就是需要找到生命的意義**，找不到意義時，有時候甚至寧願一死。**對於高敏人，尤其如此**。高敏人特別需要找到生命意義，雖然有些人會繞個彎，犧牲自己的願望以養育孩子（而不只是把孩子生下來）。
- 可以的話，重新整理你之前擁有的支持團體——以前職場的同事——或是注意相關領域中的人，知道他們的名字，或許經由社交媒體和他們聯繫。
- 可以的話，注意或學習當你恢復上班時會需要的新技術。用創意思考未來自己創業（往往是高敏人的最佳辦法）時的點子。注意外面的世界有什麼需要尚未被滿足。有人想到了幫別人遛狗的工作。你也可以想到些什麼的。

❀記得，孩子不會一直年紀小。很快地，他們會有自己的生活。如果孩子現在還沒有到達國中年紀，有了幫手之後，小心你如何均衡運用你因此得到的休息時間。**大部分休息時間必須用在真正的休息，或是出門走走，而不是用在你的天職上。身為高敏感父母，你的第一優先必須是休息，從過度刺激中恢復過來。**否則的話，你很可能變得憂鬱，覺得更為不滿足，同時成為更沒有效率的父母。是的，你現在必須投身於親職任務，但是最後當你終於投身自己的天職時，你的敏感將帶著你飛翔。

最後，其他高敏感父母分享工作與天職的經驗：

> 我常常在想，家庭之外的工作會讓事情更好或更糟。我非常渴望做有意義的工作。我目前在家寫作，主要是為我的網站寫文章，但是也接一些案子。我很少有時間和空間寫作。我常常覺得我的人生不是我自己的。我和別人的快樂與照顧緊緊綁在一起了。

◆　◆　◆

對於我，比起照顧孩子所需要的持續的情緒能量，工作還比較容易控制。我很快地發現，下了班回到家的時候最困難。還沒有孩子的時候，我一直努力工作，也認真玩樂，二者之間總是有足夠的時間讓我恢復。（這位高敏感父母後來找到一個壓力比較不那麼大的工作，工時也比較短。）

◆ ◆ ◆

工作——喔，當一位超人的壓力！我跟老闆協商好了，現在每週只工作三天。

◆ ◆ ◆

我的工作安靜、用大腦，我很享受我的工作。有時工作壓力也很大，但工作也是我的避風港。

◆ ◆ ◆

一面撫養孩子一面工作說更難也更難，說更容易也更容易。更容易的部分就是把生活中不同的部分分隔開來，讓我可以同時間只專注於一件事情。

◆ ◆ ◆

對於我資優的高敏感孩子而言，公立學校簡直就是地獄，但是我知道在家自學絕對行不通。我覺得如果我沒有回到用腦的工作，並擁有自己的時間，我的健康會受到負面影響。

◆　◆　◆

我很愛我的職場和同事。文案編輯很適合我。而且我很幸運，每週有一個半天可以在家工作。我們家還有其他的安排，孩子每週只需要去一個家庭式托兒所兩次。不過，早上離開兒子還是很困難。

無法做我心目中最重要的事情（對於我，就是全職養育兒子）帶來了失望、罪惡感和怨恨。兒子不開心的時候，我很難離開他。我到達辦公室的時候感到沮喪、矛盾。

我丈夫後來決定，我照顧和教育兒子的價值高於家中多出我這份全職工作收入的價值，我感到很高興。

看到我所計劃與創造的學習環境，更別提兒子明顯表現的結果，讓我丈夫對我們的家庭學校感到驕傲。這是很大的一步，因為他一開始堅決反對在家自學。

現在我在家接編輯的工作，在教孩子和家庭生活之間找時間完成。

關於決定的最後思考

最後的思考：生命中有許多大大小小的決定，採取行動之前的思考（你就是會這樣做）中還有更多的決定。你要相信，自己通常是正確的，接受有時候你沒有充分的資訊以做出最佳決定。這時候，請原諒自己。錯誤可以提供最有用的人生學習，而且還往往帶來預料之外的好處。

記得：深度處理是你的才華，即使因此讓你有時很難做出決定，讓你疲憊，或是讓你經常思考親職任務帶來的感覺以及人生的意義。這個特質成就了你的美好，亦是身為高敏人的所有其他表現的關鍵。

享受並調節你更大的情緒反應

一位父親總結得很好：

親職工作既可怕又喜悅。

一位高敏感母親也描述了她自己的經驗：

我的情緒反應對我不利。我越是注意到細微的線索，就想到越多可能性，因此更加激動，情緒反應更大。

高敏感父母有更強的情緒和同理心，以及隨之而來的各種好處：和孩子更調和、對每一位家人的同理心、基於潛意識與意識感覺到的優秀直覺。

還有，因為我們對正面經驗的反應特別強，我們可以從親職中獲得更大的喜悅。很多高敏感父母都這樣跟我說過。

同時，這些優勢的代價也可能很高——特別是經由天生的同理心，如此細膩地感覺到孩子的情緒。

你在各個親職階段中的情緒

除了基本情緒之外，有些情況或生命階段也會引起特別的情緒，例如談戀愛了。兒童發育的每一個階段都會有不同的情緒，繼而為家長創造出各種情緒反應。在我們談到如何調節這些新的情緒之前，讓我們先看看有些什麼情緒。如果你已經度過了某個階段，這段文字還是可以為你帶來回憶，藉以反省或重新調節。

嬰兒時期

對我而言，生產是個獨一無二的經驗。我觀想一朵荷花展開，我用力一推，感覺自己身體碎成千萬片。然後我看到了——一個充滿星星的空間。我看到門打開了，知道那是生命之門。我也知道生命之門和死亡之門是同一扇門。我不再害怕死亡。我相信生產是很棒的心靈經驗——偉大的祕密，告訴女人宇宙的真相。

生產之後、親職的頭幾天和頭幾週會引起許多情緒，可能使你比之前任何時候都更充滿情緒。我們往往忽視了這個事實，但是我知道對於某些高敏感父母，這些情緒（正面和負面二者）會強烈到幾乎造成創傷經驗了。

關於創傷：我把創傷定義為對於身體的完整性或界線造成突然的、嚴重的傷害，就像是支解或傷得很重。心理上的創傷就是我們在情緒上被切割、打破或分開。我們「完全受不了」了，用正常的方法處理情緒（例如說出來）就是不夠。此時，人會很容易解離，也就是不再感覺自己的情緒（我會混用「情緒」和「感覺」）。或者他們還是有感覺，但是將感覺與引起感覺的原因分開了，好像沒有明顯的原因，就產生了「沒來由的焦慮」或壓力。或是不再感覺自己的身體，因為大部分的情緒都來自身體。或是忘記發生了什麼事情。他們往往很難找到字句描述發生的事情，或是甚至對發生的事情沒有語言的記憶。對於父母，生產可能都是一個創傷經驗。

一位高敏感父母說：

生產的喜悅與心靈開悟之後，緊接著就是我最黑暗、最困難的生命階段，因為我的睡眠剝奪十分嚴重，情況糟到我覺得我有好幾次出現幻覺，看到巨大的蜘蛛從天花板掉到我身上。

當然，如果嬰兒一直哭，或許一哭就是好幾小時，高敏感父母也會有情緒，會運用直覺、同理心、深刻處理和對細節的覺察協助嬰兒，同時努力不因為受到過度刺激以及睡眠不足而「情緒失控」。一位高敏感父親說：

（寶寶哭的時候）看到我太太和我不同的反應很有意思。我太太會開始泌乳，我會感到壓力，進入「緊急狀態」。我很快感受到高度壓力，脈搏和血壓都升高，我變得緊張、過度專注，除了如何讓寶寶停止大哭之外，無法專注在其他任何事情上。如果我太太在場的話，事情更為困難。我無法忽視寶寶的哭聲，如果我能夠做些什麼，都好過忽視哭聲。

幼兒時期

我可以感覺到孩子的情緒，讓我可以精細地照顧他們。

一旦孩子會搖搖擺擺地走路了，高敏感父母就處於不同的狀態了，可能引起不同的情緒。幼兒可以非常好玩，但是也非常需要我們。他們知道，或是以為他們知道，他們需要什麼，毫不留餘地索求他們要的事物，無論是「我自己來！」或只願意吃某種食物，其他的一概都不接受。

一位母親說：

我一直陪著他們，不斷地付出、付出、付出，我有時覺得自己很尖銳，像是世界上最糟糕的母親，例如頑固的兩歲孩子弄翻了超市的娃娃購物車，我大發脾氣。

你無法跟幼兒講道理。當他們發脾氣，高敏感父母會受到過度刺激。如果是在公共場合，父母可能覺得非常丟臉或擔心對其他人造成影響，同時腦子裡快速處理，想辦法結束孩子的情緒暴風。高敏感父母知道孩子即將需要什麼，懂得避免孩子看到誘惑，擅長讓孩子轉移注意，因此可能特別擅長避免孩子發脾氣。

另一位高敏感母親描述自己的經驗：

我發現，我對於兒子發脾氣沒有多少耐性。我需要自己更有耐性。但是其他人曾經誇獎我，竟然可以保持平靜，所以我可能對自己要求過於嚴苛了。一開始我會不讓他們的脾氣影響到我。我可以忍耐很久，但是最後還是忍不住吼他們。

她在親職雜誌上找到一個很棒的解決辦法：在商場忽視孩子發脾氣。

我會讓兒子在地上滾，又哭又叫，我就只是走開，好像我根本沒注意到他。我會平靜地告訴他，我要走了，然後開始走開。他會很生氣，但是會停止發脾氣，跟上來。

與此同時，有很多原因讓我們很享受幼兒的陪伴，尤其是高敏感父母。例如，孩子學說話時，你可以用創意回答那些純真、有趣的問題。

學齡時期

一位高敏感父親的分享：

最困難的是帶女兒去學校，她不希望我離開。她哭的時候，我感到非常痛苦。

除了獲得新里程碑、與孩子有更深刻的對話之外，學齡階段會引起你自己上學的回憶，可能因此引起愉快及不愉快的情緒。高敏感父母必須留意這些情緒的強度，以及誤用的同理心。我們可能想像孩子身處和我們以前一樣的環境，也會有同樣的情緒。事實上，這種情形很少發生。

我在小學過得很痛苦，因為沒有很多朋友。我兒子念四年級時，我們搬到新學區，他也很難交朋友。我和他談，說這種情形令人傷心，自我感覺會很不好。

他告訴我，他不覺得是自己不好。他覺得別的孩子很蠢。他不在乎他們喜不喜歡他。我很確定這是自衛機制（雖然我看過他的同學，也同意他的說法）。我大可以當個分析師，探索一下他的潛意識感覺是什麼。但是我主要是被他心態健康的反應嚇了一跳，我把自己的感覺投射到兒子身上了。

青春期

青少年可以讓高敏感父母的情緒像雲霄飛車似的上上下下。高敏感父母很認真，想知道重視隱私的孩子心裡都在想些什麼。高敏感父母一定會學習新技巧，可能比一般父母有更好的親子關係。但是當青少年跟你說你不夠酷、無趣或是不希望別人看到他跟你在一起時，你還是會很難受。

最重要的是，你必須以友善體貼的方式堅持你的立場。當你有強烈的情緒反應與同理心時，這可能很困難。和高敏人一起生活的人（包括孩子）往往下意識地學到，只要吵鬧就可以遂行己欲，包括吼叫、摔門、威脅、罵人、羞辱、聰明爭論，以及任何可以想到的武器，在家裡橫行霸道。

情緒爆發的背後還有一個議題：不久之後，你們會分開。高敏感父母特別能夠覺察到，當孩子離開家，自己的生活改變會有多大。組織心理學家哈利．里文森（Harry Levinson）說：「所有的改變都是失去，所有的失去都需要哀悼。」

我記得很清楚，兒子離開家去上大學的那一天：

我丈夫開車送他去機場，留我一個人在家。我感覺糟透了，可能是我不想一個人被留下來或是被拋棄，但也是因為我知道這意味著什麼。我花了很長的時間才度過這個階段，當時簡直想寫一本書，描述我們的文化否認這些感覺的強烈程度。但是會有這種想法是在我了解自己是高敏人之前，只有像我這樣敏感的父母才需要那本書。

情緒調節

因為你天生就有更強烈的情緒反應，身為父母，你的感覺會更為深刻，你需要成為情緒調節的專家。因為你的深刻處理，一旦好好思考過情緒調節之後，我相信你會比別人都更擅長調節自己的情緒。

「情感調節」和「情緒調節」是心理學的花俏名詞，指的是當情緒自然湧出時，任何你有意無意間嘗試改變情緒的方法——增加、延長、減少某種感覺，讓情緒合乎時宜。人類腦子的設計原本就很擅長做這件事，高敏人的腦子更是如此。你可能因為活了這麼多年，已經知道不少情緒調節的方法了。但是更加意識到這件事總是會有幫助。

或許，支持你熟悉情緒調節方法的最大理由，是你可以教導孩子。如果他們經常看見你情緒失控，他們會學到這就是對情緒的反應，於是你的餘生都將面對一個非常戲劇性、情緒強烈的孩子。孩子的天生氣質也是一大因素，但是如果你有一個情緒強烈的孩子，你和孩子就更應該發展情緒調節能力了。

嬰兒的情緒調節完全仰賴於你——照顧者是唯一可以增加、延長、減少嬰兒哭泣、飢餓、各種疼痛、喜悅和滿足的人。對於這些情緒，嬰兒基本上沒有任何控制。幼兒也需要協助，以調節恐懼、憤怒和苦惱，例如無法得到他們認為一定要有的東西，或是他們以為永遠失去了某個人或某樣東西，你得教他們誰會回來，或是什麼東西會還給他們。

年紀較大的孩子也會模仿你管理情緒的方式，有時則會反抗你的方法。例如，他們可能用戲劇性的表達取代控制。不要忽視孩子的天生個性與氣質。他們是否有良好的情緒調節並不完全是基於你給他的教養。

要記得，所有的父母在回頭想的時候，都有一些他們但願用不同方式做的事情。事實就是：每個人都有一些尚未完全解決的「課題」，並以某種形式傳遞給了孩子。

調節，但不要壓抑或強加於人

孩子成長時，會學到什麼情緒讓他們感到快樂——想要增加或延長，例如笑與分享——並開始學習停止感覺他們不喜歡的事物。你可能希望確保你沒有消除孩子心中這些有「色彩」的情緒。

雖然我說過，高敏人感覺更多，但是有些高敏人可能很早就成為遮掩強烈情緒的專家了。在不讓男性表達情緒的文化中的男性尤其如此。甚至，某些家庭或整個文化都不允許表達強烈情緒或某些情緒。

如果你想一想，就會發現在你家和所有家庭裡，有些情緒會受到鼓勵，其他情緒則會受到壓抑。某些家庭可以接受憤怒，但是無法接受哀傷。有些家庭則能夠接受恐懼，不能接受喜悅。諸如此類的。你可能要想一想，你的家庭無法接受的情緒是什麼？因為你可能沒有學到處理這些情緒的方式，只能不再感覺。如果你是這樣子的，要記得提升你的覺察力，或是增加這些情緒的表達。這也是一種情緒調節。

大家可能都希望自己和孩子有需要時，可以擁有所有的情緒。情緒是我們內心和身邊發生的事情帶給我們的訊息。**情緒告訴我們，我們需要什麼、想要什麼，有時候則是經由「感覺對方的情緒」而知道別人需要什麼、想要什麼。**壓抑情緒不但會使你錯過重要訊息，封閉的身體也會產生生理反應，變成慢性疾病。

另一方面，感覺情緒壓力太大、失控，對我們也不好。原因很多。有時候我們不想要強烈的情緒反應。我們必須在「敞開心扉面對感覺」和「控制情緒表達」之間找到正確的平衡。我們大部分人通常會傾向其中一邊，平衡是一項挑戰。但是一旦你知道自己的感覺，就可能控制在何處、如何和花多久時間來處理自己的情緒了。有時候，我們想要改變感覺，才能好好工作或完成目標（也就是保持平靜，讓你可以幫孩子穿好衣服上學去）。

有時候，我們甚至試圖把某種情緒調節的方法養成習慣，讓我們自己擁有某種個性。如果我們需要自己的個性是寧靜、相處有趣、慈悲、樂觀、友善、有禮貌或只是很開放，我們會試著朝這個方向塑造我們的情緒反應，這些反應在你身上很真實，但也許背後有著某種人生價值或態度。我猜，高敏人特別會重新調整自己的情緒反應，可能非常擅長於此，大家不只說你非常敏感，還會說：「你好平靜」或「你真的很好笑」或「你真是一位慈悲的人」。你可能本來就是這樣，但是你也可能是朝著你選擇的情緒方向成功調節了你的個性。

什麼特別能夠幫助高敏人

一群心理學家研究了高敏人如何處理負面情緒。首先，研究結果和其他研究一致，他們發現高敏人比一般人有更多負面情緒，也更能覺察負面情緒——沮喪、焦慮、壓力大。但是研究沒有檢視正面情緒，所以沒有看到這一面。

第二，他們發現一般人用來調節並降低負面情緒的諸多策略（和別人說話、讓自己轉移注意等等）中，某些策略是高敏人較少用到的。如果你想提升自己的情緒調節，可以考慮採用以下五種策略：

1 接受你的感覺。

2 不要為任何感覺感到羞恥。

3 相信你可以像別人一樣應付得很好。

4 相信你的負面情緒不會一直持續下去。

5 一定有希望——你最終將能夠做些什麼，以處理你的負面情緒。

想一想，身為父母的你是否適用以上五點？例如，當你厭倦親職工作時，你能夠接受，並不覺得羞恥嗎？你能夠相信別人也會有這種感覺嗎？別人度過了，你也能度過的。你能夠相信你並不糟糕嗎？你能夠相信一切都會改變，甚至是覺得好像會永遠持續下去的糟糕感覺也會改變的嗎？

我喜歡里爾克（Rilke）的詩句：「沒有任何感覺是絕對的。」你可以做些什麼，來處理你的負面情緒嗎？或許找人幫忙？專注於以上五點。哪一個是你做得最糟的？你並不孤單——這是高敏人最難做到的五點。

讓自己轉移注意

除了專注於高敏人情緒調節的弱點之外，你還能做些什麼呢？一個備受科學家讚譽的情緒調節方法是讓自己轉移注意，想其他的事情。當你必須注意孩子時，這可能很困難。孩子可能正是你強烈情緒的來源。但是你可以稍微轉移注意一些。例如，憤怒管理要求你發脾氣之前，慢慢從一數到十，這時，憤怒的火花可能就已經熄滅了。數到十可以轉移注意，讓自己平靜一點。

轉移注意不是壓抑情緒，而是延遲反應或稀釋情緒強度而已。手邊放一本有趣的書，一邊看著孩子，一邊讀一點。或是在電腦上看一段喜劇短片、聽音樂，或任何你喜歡做的事情。如果可以的話，改變環境——往往可以改變情緒。和孩子一起去戶外。事先在心裡想好（或寫在紙上）你可以做些什麼事情轉移注意，免得到時候還要思考對策。

這時候不要妄想當一位全心全意注意孩子的父母。如果孩子一直煩你，打開電視，讓她看她喜歡的節目。我講的是讓孩子有夠長的時間轉移她的注意，讓你有時間冷靜下來，可以想到策略，滿足你自己的需求。最後，萬一你真的覺得非常失控，你的情緒可能導致你嚴重傷害孩子，請離開房間幾分鐘，直到你恢復過來。就讓他捶你的房門吧。你可以說：「我幾分鐘後就會出來。」他捶門的時候，你至少不用擔心他在做什麼。

接受別人幫助

當你不喜歡自己的情緒時，打電話給親戚朋友。你可以只是用來轉移自己的注意，不用談到你的感覺。或者，你真的可以依靠這個人，他們有時也依靠你。無論如何，你的情緒會有所改變。

確實，所謂的「情緒傳染」可以成為刻意的情緒調節資源。如果別人在大笑，即使只是在電視上，你都可能開始笑了。當一個人感到苦惱，別人的平靜可能有幫助。也許你懂我在說什麼，你也為朋友做過這種事：「我不會擔心。我想，過一段時間他會沒事的。聽起來最後都會好好的。」

當然，這樣做也可能有反效果。你也可能從別人那裡接收到你不想要的能量，或是他們的反應使你感覺更糟，例如感到羞恥和不被了解的憤怒。學習抗拒別人的情緒是另一種情緒調節，尤其是對於高敏人而言。我們都是社交的動物，都擅長捕捉彼此的情緒。人類演化成某些動物（例如劍齒虎）的獵物，同時，我們也能狩獵別種動物。當我們是獵物時，必須對自己的恐懼或憤怒做出很快的反應。以我們的高度敏感，我們在這一點上的反應特別好。有時，我們不想跟隨群眾，因為我們能夠深刻思考。如果別人的情緒顯得不正確，或是對我們自己沒有用處，我們可能比別人擅長抗拒別人的情緒。你不是吸收一切情緒的海綿。

休息、休息、休息

我們的情緒經由身體感受與表達，所以我們可以經由改變身體來改變情緒。這就是為什麼我要再度強調，**無論如何**都需要休息時間。而且休息時間需要很有效率——以很少的時間達到很大的寧靜效果。

以下是我的偶然發現：

兒子大約一歲時，黃昏時都會非常吵鬧不安。這種時候，我通常非常疲憊，同時需要做晚餐，還要應付他。我們住在巴黎一戶富有人家的閣樓裡。他們抱怨我兒子哭鬧，我們必須採取行動。我們想起朋友的建議，做了一種很容易的靜心活動，看看是否可以停止這個循環。每天早晨和黃昏，我丈夫和我輪流靜心。才一兩天的功夫，黃昏時兒子的行為就完全改變了。當然，這不只是因為我的心靈得到了休息，也是因為我的身體休息夠了。

基本情緒和如何處理

你可以想到十幾種情緒，但是讓我們專注於少數幾個大的情緒：恐懼、哀傷和憤怒。下一章將討論害羞、罪惡感和羞恥的痛苦情緒。

擔心、焦慮和恐懼

恐懼極端重要。恐懼讓我們安全。但是，恐懼會讓我們身體進入「戰鬥、逃跑或僵住」（fight, flight, or freeze）的模式，關閉放鬆與維持身體功能的機制，例如消化食物和睡眠。太多的恐懼會讓我們異常疲憊。因此，任何形式的恐懼都需要受到調節。

所有父母都會擔心

是的，而且高敏人可能擔心更多。我們比別人更常考慮未來，其實這往往是一件好事。我們常常預做準備，而事情確實可能發生。我們比別人更多的擔心可能預防了一些日常災難。或許你會擔心孩子忘記帶功課去學校，或你和孩子會忘記去練足球，所以你會注意提醒自己。我們很少忘記赴約。但這些有用的擔心也會讓我們疲憊。

我們不喜歡不愉快的小驚嚇，所以也會擔心很小的事情。例如忘記別人的名字、出門忘記帶東西（尿布、鑰匙、飲用水、重要的玩具等等）。忘記或遺失同樣的東西幾次之後，我們可能變得像是有強迫症似的，一直檢查自己是否記得。

我們可能擔心社交行為，例如別人會不會認為我們是好父母、姻親的行為會如何。如果這種擔心一直存在，可能也讓你感到疲憊。擔心並不好玩，即使可以省掉一些麻煩。

焦慮

有時候，我們會非常擔心，對身體的影響更為強烈，可以稱之為焦慮了。事實上，在我的調查中，無論敏感與否，父母都是一樣的。因為父母如此之愛子女，所以有許多事情可以焦慮。焦慮也有正面的價值，因為你期待著最糟糕的狀況，就會預防許多不幸發生。

但是如果太過焦慮，可能一整天都覺得身體緊張。你知道那種感覺——胃裡或心裡不舒服、思緒紛亂、顫抖、冒汗，睡不著或無法睡整夜。你能做些什麼來改善呢？

1 **退後一步，採取宏觀。**如果你的焦慮是正確的，事情會多糟糕呢？一週後、一個月後或一年後，還有關係嗎？是性命相關，或只是不方便而已？你因為擔心可能犯錯而焦慮嗎？在今日的親職環境中，我們難免會擔心自己的親職技巧。假設你覺得自己今天會犯三個錯誤——無法避免的。如果你只犯了兩個錯誤，那麼，今天過得挺不錯。

2 **試著不要擔心你的擔心和焦慮。**研究發現，你越對你的焦慮感到焦慮，你就會變得越焦慮。這是一種回饋循環。放鬆吧。同時也不要讓別人為你的焦慮煩你。如果有人總是在檢查火災出口在哪裡，會被稱為「過度焦慮」；一旦火災真的發生，他就成為英雄了。

3 **記得，有時候類似焦慮的感覺來自過度刺激。**如果是如此，試著減少刺激。如果你和孩子在一起，或不在一起的時候，忽然感到很慌張，想一想你是否受到過度刺激了。我發現，有些高敏人經過恐慌發作之後，會非常害怕在公開場合再次發作，這時，我只要把他們當作是受到過度刺激的個案處理就好了。**既然過度刺激和疲倦往往綁在一起，試著有一些休息時間，看著焦慮消失。**

所有新手父母都過度疲倦、壓力太大、不斷面對新的情況的不確定性、擔心事情失控，因此，感到強烈焦慮是很正常的。當你焦慮地想要控制一切時，幾乎感覺自己像有強迫症似的，或許真的有強迫症。根據估計，新手母親約有3%（一般人口也是這個比例）到11%有強迫症徵狀或強迫症——根據不同定義而定。如果你是一位憂鬱的母親，70%會有強迫症徵狀。（許多研究都只針對母親。父親們，真抱歉我必須暫時撇開你們。）

強迫症徵狀是什麼呢？首先是有許多不想要的、令人不安的思緒、影像或強迫思考，例如自動想像到孩子在寒冷的房間受苦、生病、死去，或是一直想像孩子被汽車撞到。強迫行為則是重複性的行為或心智狀況，用來降低強迫思考導致的焦慮，例如不斷檢查嬰兒房間的室溫、孩子在哪裡。你只是「有強迫徵狀」，或是你真的需要治療呢？這要看你的強迫行為是否一直都有、每天都有，尤其是你在生孩子之前是否已經有這些徵狀。如果強迫徵狀讓你煩惱，請看醫生。醫生可以協助你，你無需一個人獨自承擔痛苦。

你需要知道，如果你是非常憂鬱或壓力非常大的新手母親，強迫徵狀可能包括想要傷害孩子。沒錯——這些想法一點也不稀奇。加拿大研究發現，調查中幾乎一半的母親有過這種想法。但是真的採取行動則少之又少。想一想。你知道你不會真的傷害孩子。你的思緒只是在表達一種感覺，用強烈的言語或影像表達你的感覺。如果你真的覺得有危險，或是有任何強迫徵狀讓你不舒服，請尋找專門治療新手父母或壓力過大的父母的治療師或精神科醫師的專業協助。

恐懼

擔心、焦慮和恐懼的分類有一點人為。讓我們暫時把恐懼視為更為暫時的強烈情緒，通常會導致心跳加速、手汗、胃不舒服、容易受驚等等。或者，恐懼可能是強烈害怕尚未發生或尚未再度發生的事情。令人意外的是，我們恐懼的事情大部分都至少已經發生過一次了。或許除了害怕某些特定的威脅之外，高敏感父母害怕的是再度發生了以前曾經體驗過、不想再次體驗的突發性可怕情緒。

恐懼有其作用，可以協助我們避免面對威脅。但是恐懼往往不是來自真正的威脅，或是真正產生威脅的機率極低。我們可能知道這一點，卻仍然感到恐懼。

你確實需要能夠控制恐懼。你會很辛苦，而且你的孩子感覺到你的恐懼之後，會非常害怕，因為你看起來無法控制事情。

你應該怎麼處理不受管控的恐懼、焦慮和擔心呢？首先，我認為高敏感父母需要事先準備好，萬一自己最大的恐懼真的發生了（通常是失去孩子），知道自己要如何處理。失去孩子可能是人生最糟糕的遭遇了。有些人會告訴你不要去想它，但是高敏人通常無法不去想它，所以還不如想一下的好。

以下是我自己的例子：

兒子出生時，我發現自己的態度是享受跟他在一起的每一天，不去思考未來。好像我在準備自己萬一失去他的日子。當然，他年紀大一些時，我們經常思考，計劃他的未來，但是在我的腦子後面，我已經準備好了隨時可能失去他。

你對失去與死亡的態度如何？你是一位追求心靈境界的人嗎？大部分高敏人都是。你的心靈信仰如何幫助你？擔心會讓你和你的孩子都付出極高的代價。

第二，有時候，在網路上研究某件你害怕的事情發生的機率很有幫助。往往，機率很低。如果有簡單的方法可以保護自己，就去做。但是我們永遠都需要評估努力避免事情發生的代價是否值得。重點是，不要壓抑恐懼，身為一個高敏人，你可能無法逃避恐懼。不過，還是要調查一下。如果做這些事情會讓你焦慮，讓別人幫你調查，例如嬰兒猝死症的發生機率，或是陌生人綁架兒童的機率。在美國，每一年大約只有一百件陌生人綁架兒童的案件，而兒童的總人口卻是七千四百萬。

第三，如果擔心、焦慮或恐懼干擾了你的生活，就需要採取行動。你可能用靜心療癒自己，但是這基本上是一個心理問題。有時候也可能是由生理問題引起，例如某種藥物或是疲憊。如果狀況嚴重，你可能從小時就很焦慮，親職只不過讓你有更多恐懼的事情而已。你還是可以找方法解決的。社會上有很多資源，好的治療師、網站和書籍。

我喜歡保羅・福克斯曼（Paul Foxman）的《與恐懼共舞》（*Dancing with Fear*）。福克斯曼常常說他的讀者很敏感，所以他了解我們。他在書中提到兩位焦慮症患者安・西格雷夫（Ann Seagrave）和菲森・柯文敦（Faison Covington）所設計的CHAANGE計畫。這是一個有結構的標準化方法：福克斯曼建議固定練習某種放鬆自己的方法，例如靜心。放鬆的時候不會感覺焦慮。他也建議注意飲食，尤其要注意血糖是否大幅升降。血糖太多或太少都可能引起焦慮或類似的感覺。

你可能已經聽說過了，但是福克斯曼也建議你注意呼吸。呼吸很自然，大部分的人在大部分時候的呼吸都沒問題。當你焦慮或害怕時，呼吸會變得很淺。深呼吸幾次可以傳送訊息給你的腦子：既然能夠深呼吸，應該一切都沒問題。鼻孔吸氣、嘴巴吐氣，好像在吹氣球。下一口深吸氣會自然發生。

我最喜歡的可能是福克斯曼談到焦慮與心靈信仰的那一章。他指出你是有選擇的。你可以選擇相信宇宙很混亂、隨機，你必須試圖控制一切。另一個選擇則是相信宇宙有其秩序，只要我們遵循宇宙法則，宇宙對我們會是善良的。你可以把宇宙法則當作上帝，或是上帝的創造。既然沒有人知道這兩個可能（隨機與秩序）之中，何者為真，你倒不如試試相信神聖源頭。你可以許願、提出要求——反正沒有損失——甚至想像你擁有的一切就是你需要的一切。或回頭看，看到當時你以為是不好的事情，結果其實很幸運。確實經常如此。福克斯曼說的主要是：當你焦慮時，你可以往這個方向思考，而不是強迫自己忘記焦慮。

不快樂與憂鬱

不滿是所有父母常見的另一個問題。偶爾，大家都會想起以前還沒生孩子時的「美好生活」，懷疑所有的雜亂、睡眠不足、早起，以及除了孩子的事情之外，沒有時間做任何事情的生活，何時才會結束？相信我，會結束的。對於高敏感父母，更大的問題是為這種感覺自責。高敏人一向有與眾不同的感覺，所以在這一點上也會誤以為自己和別人不同。最好的解決之道就是參加父母支持團體。如果你勇於出聲表達你的感覺，你將聽到許多人有類似感覺。

顯然，憂鬱更麻煩。懷孕時，以及生產後的三個月內，所有的母親都很可能憂鬱。（我等一下會談到父親。）根據某些統計，大約15%婦女有真正的憂鬱症，剩下的85%婦女則有一些較輕微的徵狀。從我們的調查看，高敏感母親的產後憂鬱症並沒有特別多，可能因為產後憂鬱症主要是荷爾蒙導致。

父親呢？大約10%表示有憂鬱現象，大部分是在生產後三到六個月。父親也有荷爾蒙變化，不過比較大的因素是角色改變（更需要保護別人、更多工作、從伴侶得到較少的注意和性的興趣）。腦部造影顯示，父親對孩子也有同樣多的同理心。我們可以假設高敏感父親對孩子的同理心更高，因為他們的同理心本來就比一般人高了。當母親或孩子有壓力時，有同理心的父親也會有壓力。

貧困和壓力會使任何父母的憂鬱都延續超過產後三個月。另一方面，孩子出生之後，家庭有幫手時，較不會憂鬱——由此再度證明，我一再強調需要請幫手的論點。在這個時期，焦慮是另一個強烈情緒，也是讓人憂鬱的重大因素。在生物學上，憂鬱和焦慮在許多方面都像是雙胞胎，其中之一在某些人的某些時候較強，另一個在其他時候較強。父親可能二者都有，但是比母親少。

對於高敏感父母，如果壓力大或缺乏睡眠，產後三個月之後，或是親職的任何時期都可能憂鬱。我在第二章提過，如果你的童年很困難，高敏人常見的「不同的感受性」會讓你更容易憂鬱（就像好的童年會讓你在此時更不容易憂鬱）。有趣的是，在我們的調查中，同意「我自己的童年很困難」的高敏感父母不覺得自己養育孩子時比一般父母更糟糕，包括憂鬱或懊悔的部分。

如果你經常憂鬱，要怎麼辦呢？首先，**面對它**。這不是失敗，也不表示你是個糟糕的父母。憂鬱也會讓你有這種想法。所以，尋求協助！如果你幾乎每天的大部分時候都很憂鬱，為期超過兩星期，你或你的伴侶就應該上網看一看，你是否有真正的憂鬱症，包括嚴重的產後憂鬱症。用《精神疾病診斷與統計手冊》（DSM-5）的診斷條件，或是用貝克憂鬱量表（Beck Depression Inventory），網路上都有。即使你在量表上表現並不極端，憂鬱都還是問題——不但是對你，也對你身邊的人。如果你持續感到憂鬱，請開始尋找協助。有許多針對憂鬱父母的支持團體和治療團體，因為憂鬱的問題實在太常見了。

可能也該找一位治療憂鬱母親的精神科醫師了，最好是醫師自己也有新生兒。餵奶時是否可以服用抗憂鬱症藥物？這要看憂鬱的嚴重程度而定。當然，許多小兒科醫生會反對。嬰兒才是他們的病人，他們很少詢問母親的狀況。有些精神科醫師會贊成，因為母親是他們的病人，他們更關心母親的憂鬱對於嬰兒的影響。你和你的伴侶也可以做一些研究。但是如果你的憂鬱使得你有自殺意念或是想殺害嬰兒，決定就很明顯了：尋找協助。

挫折、易怒與憤怒

我覺得高敏感父母之所以會更容易感到挫折和易怒，大部分是因為我們受到過度刺激了。噪音、雜亂和孩子不斷地問問題，都可能讓我們受不了，覺得快要爆炸了。當我們休息夠了，就可以忍受同樣的狀況。

挫折與易怒也可能來自我們的完美主義。我們能夠深刻處理，會看到事情應該如何。當現實不符理想時，我們會變得挫折，對自己生氣，或對造成障礙、使得我們無法達到理想的人生氣。例如，當孩子不收拾玩具或衣服，或不好好念書、成績不好的時候，我們就會有這種感覺。

我們的良心也是因素之一。我們自己無法完美，四周看看，卻覺得其他父母表現比較好，比較擅長管孩子、收拾屋子、一天三餐都煮健康營養的食物。如果沒有幫手，高敏感父母通常做不到這些，可能覺得挫折易怒，以及羞恥自責。

面對挫折易怒時，首先要接受你和孩子生理與情緒的現實並不完美。期待一切會亂七八糟的。期待自己會讓孩子、伴侶、朋友或其他人失望，而且可能是每一天。期待他們也會讓你失望。孩子很快就會離開家了。那時候，你可以有整齊的抽屜，也可以如自我期許地那樣慈悲。那時候，你不會在沙發後面找到發霉的麵包屑。**但是現在，試著專注於最重要的事情：你對孩子的愛。**當親子之間的個人氣質風格有衝突時，這並不容易。或許你的兒子喜歡最新的、非常吵鬧的音樂，但是你覺得難聽透了，尤其如果你發現歌詞有多麼暴力的時候。或許你的女兒喜歡房間亂亂的，放了很多東西，她的朋友也喜歡，而你卻認為簡直是蟑螂遊樂場。

一位高敏感父母說：

我兩個兒子都是高敏人，但是風格極為不同。老大外向而高敏。我也是高敏人，但是我極端內向，寧可一直不說話。九歲的大兒子剛好相反。他總是在說話，我雖然運用了書裡的各種技巧，讓他在家裡用「室內音量」說話，還是需要經常提醒他降低音量。他的聲音像是歌劇明星！

我做過實驗，也大聲地說很多話。似乎有幫助，但是我無法一直保持下去！

身為愛孩子的高敏人，他們說話時，我想要傾聽。但是跟九歲兒子在一起，我需要學習「聽不到」。我會停下手邊的事情，全心注意他，看著他的眼睛，傾聽他說的話。然後我就得「聽不到」了。當我聽到關鍵詞，知道我需要傾聽時，我才再度專注，否則我就只是假裝有在聽。

除了對孩子易怒之外，你也可能覺得自己陷在父母的角色裡，因此感到挫折。你必須忍受幾乎無法忍受的一切。你需要努力接受孩子是獨立的個體。即使一年之內，他們也可能改變，使得你今天的易怒消失無蹤。今晚，你的十歲孩子只接受三種餐點：披薩、起司義大利麵或是雞塊。兩年後，他或許會熱衷美食烹飪。但是此刻，你也只能給他吃披薩了。

你能做什麼？以上引述家長用的「聽不到」是一招。提高你自己的音量是另一招。一旦使用別人聽得到的音量對他提出要求，你的易怒可能很快消失。音量從一到十——不只是音量要夠大，聲音也要清楚、直接、有力——**高敏人往往一開始只用到一，溫和提醒，非高敏人往往根本沒有注意到。我們需要學習各種程度的音量，從一到十，一直提高，直到我們知道對方聽見了。**常常，我們自己覺得聽起來很嚴厲、生氣，對方根本不覺得。

另一方面，即使我們說得很清楚，別人可能覺得我們太挑剔了，不應該為了一點小事生氣。但是你們可以一起研究一下令你生氣的事情。孩子年紀漸長，可以學習更安靜一點。伴侶可以學習減少雜亂，自己收拾地板上的髒衣服。

憤怒

憤怒就像恐懼，都是為了做出快速的反應。如果你親自餵奶，嬰兒第一次咬了你，最佳反應可能是很大聲地說：「哎呦！」。心理學家稱之為「一次性的學習」。但是對於年紀很小的孩子，我們需要控制怒氣。如果我們愛發脾氣，就不能教他們發脾氣之外的表達方式了。

我曾經問過高敏人，他們是否會壓抑怒氣。有時候，我覺得憤怒的高敏人比較幸運，因為他們會定下清楚的界線，讓別人知道他們的需求。但是我猜，高敏人生氣時，反應會是開始思考。我們也會衝動，但是我們的衝動是思考！我們花在思考上的時間越長，我們最後採取的行動越好——尤其是面對青少年的時候。其實，面對任何年紀的孩子都是如此。

最重要的是記得：你的忍耐要看之前你受到多少刺激，你要盡全力讓刺激保持在最適合親職工作的程度。當你感到疲憊時，就無法控制憤怒了。你需要幫手。

這是一位高敏感母親處理憤怒的方法：

> 上個週末，每個孩子都請了一位朋友來家裡過夜。我的繼女發現她的家庭作業背後被寫上了髒話，她為之情緒崩潰。其他孩子笑了，她用全力大吼大叫。這時，事情發生了。我感到我的開關被打開了。我受夠了。火山爆發！我含著眼淚，回到（好啦，逃到）我的房間，戴上耳塞，關了燈。我不在乎留下我丈夫應付一切。我只知道我已經沒有力氣應付任何事情了。

我也高度推薦馬歇爾・盧森堡（Marshall Rosenberg）提出的非暴力溝通。快速總結就是：**每個人都有「需要」的權利**。「需要」讓我們活著，**憤怒則與受到阻礙的需要**

有關。所以，要知道自己此刻的需要是什麼。安靜？空間？尊重？食物？安全？其次，如果另一個人也在生氣，背後的需要是什麼？如果他不知道，用你的同理心迅速協助他找出自己的需要。無論是孩子或成人，一旦明白你真心想要了解合理的人性需求，他們就會安靜下來。然後說出你的需要。這個需要練習。之後，你們往往可以滿足雙方的需要，解決問題。很簡單。

假設你的兒子應該在晚餐之後才吃點心，他卻先吃了點心。你心裡知道點心去了哪裡，但還是問他點心在哪裡。他否認吃了。你很生氣。以前也發生過這種情形。你心裡想著：「他學會說謊了。」但是你停下來。**你**需要什麼？你需要養育一位誠實的孩子，避免一直有衝突。

現在你問自己：**孩子**需要什麼？他餓了嗎？渴望吃甜點？需要選擇的自主權？如果他提出要求，需要你的尊重，或至少是理解？他現在害怕你的反應以及他知道自己應該有的懲罰。

因此你說：「我看到你覺得自己需要吃一些甜食，你不喜歡家裡的規定，晚餐前不可以吃甜食。現在你一定很害怕我要做什麼，因為你不但不遵守規定，在晚餐前吃甜食，而且你還說謊了。一定有點可怕。」

孩子會鬆了一口氣，你能夠理解，願意對他的情緒、對他愛吃甜食的喜好，以及認為規定不合理的心態打開心胸。你們可以談論，讓一切顯得正常自然。然後輪到你了：「我需要知道，當我們同意一件事情之後，你會遵守。我需要能夠信任你。如果你無法遵守這個規定，我們需要做什麼樣的規定才能讓你能夠遵守呢？」接下來就是協商了。

我之前說過，如果你的脾氣或任何情緒讓你真的失控的話，尤其是你覺得自己可能動手，或是做出很糟糕的事情（例如威脅要拋棄孩子）的話，把孩子和狀況交給別人處理。如果只有你一個人，離開房間，即使孩子會暫時獨處。我很少表達憤怒，但是我清楚記得對兒子發生過兩次，其中一次他已經八歲了，行為很過分，我打了他一下。只是一下，但是我們兩個都嚇了一大跳。這種事情確實會發生。如果你在公共場合氣到那個程度，有時候走開是個好主意，但是不要完全消失無蹤。

對可愛寶寶生氣

盧森堡的做法需要孩子已經有語言能力和一些思考能力了。嬰兒無法聽你說你的需要。他們只知道自己的需要，有時候他們會為了自己的需要，一哭就是好幾個小時（我們需要有個合理解釋，於是稱之為「腹絞痛」）。有時，嬰兒不哭，因為你整天都在滿足他的需要。沒有人會感謝你。幸運的是，他們睡得很多，醒著的時候也忙於自己的需要與情緒，根本不會注意到你生氣了。但是在某個程度上，嬰兒確實會注意到你的情緒。你不需要和他們分享，無論你如何保護他們，不讓他們知道你的情緒，他們還是會感覺到一些。所以你需要用一些方法滿足自己的需要，盡量控制自己的負面情緒，例如轉移注意、每天出門、保持宏觀（「一年之內，這就會過去了」），還有就是，找到幫手協助你，分擔責任，或只是跟你說話，讓你覺得有人理解你。

我在本章和第二章已經提過，孩子發脾氣對於任何家長都是極大的刺激和壓力，對高敏感父母更是強烈的挑戰和羞辱，很容易惹高敏感父母生氣。雖然本書不是關於如何當父母，但是有時候講到高敏感父母時，我還是會提到一些。

威斯康辛大學的一項研究發現，幼兒大發脾氣的前期會是比較溫和的生氣，這時你可以讓孩子轉移注意，或做出妥協來讓孩子停止生氣。有吸引力的其他選擇往往可以解決問題。如果，發脾氣是因為界線問題，你不能投降以求解決當下的情況。還有，幼兒發脾氣往往牽涉到飢餓和疲倦，沒有任何轉移注意或妥協的辦法能夠有效遏止或預防。你必須讓他把脾氣發完，才能解決背後的問題。好在，孩子的脾氣到了你無法忍受的時候，往往也已經快要到尾聲了。一般而言，幼兒的脾氣大約**一分鐘**。我知道，這一分鐘感覺像是永恆。而且在這份研究中，一位家長提到長達一小時的脾氣。但是平均是一分鐘，可以忍耐一下。

脾氣即將結束的一個跡象是孩子躺在地上或跺腳，這些動作有服從的含義。如果孩子跑開或打你，脾氣就會持續更久。發脾氣也可能來自苦惱、失去和哀傷。這些情緒會牽涉到哭泣，為時也比較久，例如孩子發現自己吵輸了，對於失去某項她認為很重要或是讓她快樂的東西而表達無望。基於失去而引發的脾氣會比較安靜，比較容易解決。

研究者發現，幼兒正在發脾氣的時候，父母不管做什麼幾乎都沒有用。雖然大部分父母都會嘗試。有可能你越是焦慮、越想制止，送出的訊息越在表示孩子會贏。你要知道，任何脾氣都會很快停下來，至少最後一定會停下來，你只需要等待。當你知道事情是怎麼回事、可以怎麼做時，就會容易多了——即使你能做的只是忍耐。

另一方面，阿莉莎・索特（Aletha Solter）認為，抱住孩子、和他說話的效果比單純的等待更好。以上研究中的家長可能沒有這樣試過。被抱住的孩子會知道，你很冷靜，並比較不覺得自己被拋棄了。我知道某些高敏感父母會這樣做，效果確實比等待好。一開始，孩子可能身體僵硬，抗拒擁抱，而且哭喊的噪音更接近你的耳朵，但是你比較不會覺得無助，而且隨著時間過去，孩子也會停止哭泣和發脾氣了。

重點是高敏感父母從經驗中學習，知道幼兒發脾氣是常見的現象，而且知道怎麼辦。你一定會比其他父母有更強烈的感覺，你需要站得穩穩的，不要被感覺和過度刺激沖倒了。也就是說，**用你的深刻處理能力和過去對可能發生的困難情形的想像練習，你將更容易記得宏觀，包括你對孩子的愛**。基於以上綜合所述，我認為高敏感父母有可能非常善於處理幼兒脾氣，以及其他形式的幼兒憤怒。

對學齡孩子生氣

你可以和學齡兒童講道理了，他們比較不會亂發脾氣了，你可以開始使用盧森堡的方法。盧森堡認為，憤怒是很有用的內在訊息，但是很少被表達出來，或是一直都表達得不夠。高敏感父母可能很擅長教孩子有效表達憤怒，卻不至於傷害別人。但是，有時候，我們很容易想像學齡孩子比實際上更為成熟、堅強。孩子總是想跟隨父母的腳步成長，讓父母感到印象深刻。如果你生氣的時候可以保持冷靜，你的孩子也會試著如此。但是如果孩子失控，不要感到訝異。

我認為盧森堡的方法對學齡兒童有一個好的影響，能給孩子一個適度的刺激，學習你要他們學到的教訓。對某些孩子，你需要用較強烈的語言，才能引起他們的注意。有些孩子只需要你正常講話，表達同理心和你自己的需要。對於敏感的孩子，他們知道自己犯錯、感到羞恥、害怕你生氣或害怕懲罰，可能已經非常激動了，其實無法聽到你說的訊息。

對青少年生氣

再一次說明，這本書不是親職手冊。對於如何養育青少年，坊間有許多書籍。你也需要學習我們對青少年腦部的新知。

你可以非常有效地使用盧森堡方法，並仍然待在有權威的領導地位。你知道如何處理。你可以尊重孩子的需要，卻不忘記自己的需要。你也可以顯露脆弱。你的需求可能看似幼稚，但是充滿人性。

然而，許多爭執是關於特定的議題或狀況，你需要知道自己在講些什麼。如果你不知道所有相關細節，你需要仔細聆聽。如果你的青春期孩子對某個議題見解錯誤，你知道得更多（或應該知道更多），你一定要懷著同理心，但是清楚地表達自己。

在社交關係中，最有效的一個對策就是：一旦我們知道自己犯了錯，就承認犯錯並道歉。孩子可以從中學習到更多，不只是你也可能犯錯，而且當一個人犯錯時，可以承認錯誤，沒有關係。甚至於，他們會以一種奇特的方式看到，其他人會因為你能夠認錯而更尊重你。

然而，每一位青少年的家長都會偶爾生氣。或許正因為如此，等到他們離開家的時候，你才不會那麼在乎他們離開吧。高敏感父母真正的問題正是這一點——知道孩子越來越獨立，可能很快就要離家了。所以你必須知道，你多麼希望他們成功，因此，你要讓他們為自己學到教訓。青少年常常因為你把他們當成孩子對待而生氣暴怒，他們希望被當成成人對待。其他時候，他們又希望被當成孩子照顧，而不是期待他們行為像成人那樣成熟。身為父母，你被孩子的狀況弄得顛三倒四，一旦孩子總是告訴你，你做錯了，難免很容易生氣。還是一句老話，讀一些書，做一些計畫，知道狀況發生時可以怎麼處理。

正面情緒

正面情緒呢？我在想，我們是否可以說，在正面情緒上，高敏人特別孩子氣？我馬上想到喜悅。這可能是高敏人直覺上就是想生孩子的最重要因素——享受孩子的喜悅。這是你的同理心更強、情緒反應更強帶來的好處之一。當他第一次看到陽光穿透了綠葉、風吹動樹枝搖曳，以及奇蹟般綻放的花朵時，你和他們真正在一起，腦子連結著腦子。第一個生日、第一次真正了解某個節日或打開禮物的意義、第一次度假、第一次去迪士尼遊樂園。無論會多麼受到過度刺激，都要留出時間享受這一切。

笑聲是另一個你和孩子分享的情緒，或許比一般父母更多。你會理解更多他們細微的或是傻氣的笑話，也會與孩子分享更多你的笑話。還有好奇心——我認為高敏人對一切都感到好奇，如何運作、如何產生、結果如何等等。孩子也是一樣。你和孩子如此調和，你會注意到這些好奇的時刻，其他父母可能沒有看到。你會和孩子共享。教導孩子也有很大的樂趣，因為你的深刻處理，可能可以提供深刻的、更有創意的、更有趣的反應——當你不疲倦時。

當然，享受正面情緒也需要保持體力！底線總是：**高敏感父母休息夠了，才能成為最棒的父母**。如果休息不夠，就會覺得親職工作非常困難。對於神經系統而言，情緒調節是生理工作，你的神經系統尤其辛苦。你會吸收所有的情況，更同理孩子的感覺，還有你自己的感覺。你天生就擅長如此。給自己一個機會。如果你覺得有嚴重的情緒問題阻礙著你，請找人協助。

第 6 章

面對強烈的社交接觸

老師、其他父母、好意的親戚、健康照護人士

真希望我懷孕時就知道高敏感特質，知道如何對社交互動做出反應——從那些立刻想來探望我的人，到每一個、任何一個給我親職建議的人。

在我們的調查問卷上，高敏感父母比一般父母更會同意：「身為父母，認識新的人（其他父母以及老師等等）讓我不自在。」若不是有太多高敏感父母告訴我，單單身為父母就有太多需要建立的關係，或者至少必須和人有互動、受到太多的注意，我不會寫上這一句。即使是外向的高敏感父母都會抱怨，身為父母需要不斷地參與社交，但是他們就像內向的人一樣，需要休息時間和安靜時間。高敏感父母覺得，從懷孕開始一直到孩子進了高中或大學，別人似乎覺得經由孩子，有權利和他們有某種連結，而且他們應該知道事情就是會這樣。即使陌生人也一樣，會上前欣賞他們的嬰兒或幼兒，甚至自告奮勇地給建議或提供自己的親職經驗，好像他們之間已經開始了某種對話似的。我猜，這確實是「全村人一起養育孩子」的概念。但是在村子裡，至少大家知道誰是高敏感的父母，知道不要去煩他們比較好。

除了不請自來的社交刺激之外，如果你沒有和其他父母或喜歡孩子的人溫暖聊天，好像你們突然成為好朋友似的，你就可能看起來很冷漠、害羞或不友善。因此，許多高敏感父母害怕自己太「與眾不同」，會傷害孩子的聲譽。

一位高敏感母親說：

我怕女兒會因為我而覺得丟臉，她的朋友沒辦法每天來家裡玩。別的家長會對我怎麼想？

當然，養育孩子時所遇到的人之中，也可能有人會成為你的終生朋友。你們一起度過人生轉變或困難時刻，分享經驗、方法，以及最重要的給予情緒支持，於是變得很親近。這是為什麼你很難拒絕這些有潛力的關係的原因之一。你自然不應該總是拒絕排斥。你會認識很多家長。有那麼多的選擇，很容易找到擁有共同價值觀、興趣和個性的家長。特別留意其他的高敏人。你可能交到幾位終生的朋友。

但是，即使是跟朋友相處也可能過度刺激了。所有的高敏人都覺得社交互動很有刺激性，因為在互動時，我們會深刻處理對方說的話，以及我們想回應的話。同時，無論我們想要同理與否，都會一直感覺到同理心。我們也會注意到對話的四周、對話中以及對方的所有細節。社交刺激可能是我們生活中面對的最主要的刺激來源，因此也是我們受到過度刺激的重要來源。

所有的社交刺激都會引起情緒。在上一章中，我們討論了恐懼、哀傷和憤怒，這些情緒往往會牽涉到「人」，但是有些情緒特別來自社交狀況，例如罪惡感和驕傲。（「愛」和「喜歡」不是情緒，而是和人相處的動機，繼而導致了許多情緒。）現在我們要討論四種社交情緒，然後討論特定的社交情況，例如孩子約了一起玩的時候，你和其他家長的互動，以及和老師、教練、小兒科醫師、其他與孩子有關的專業人士的談話。

社交情緒

和別人在一起時，你隨時可能產生社交情緒，包括害羞、罪惡感、羞恥和驕傲。成為覺察並處理情緒的專家非常重要，而且對你來說可能很容易做到。確實甚至於，我接下來要說的話，大部分你早就知道了，但是無妨再聽一次。

害羞

認識新的母親實在太難了，簡直就像是靈魂出竅。每次去學校參加活動，有大量的噪音和孩子，我不斷地擔心，維持警戒狀態，讓我承受不了。

還好，我喜歡我兒子朋友的母親，不過我還是覺得不屬於那裡，覺得自己不受歡迎。

害羞是害怕別人的批判，可能導致社交排斥與孤立。高敏人往往可體驗到我在《高敏感族自在心法》一書中稱之為「害羞滑梯」的現象。身為父母，要面對這麼多狀況與你類似、卻和你不同的人，你有更多新的機會變得害羞。你可能安靜地站在足球場旁邊，和正在大喊大叫、閒聊的其他家長保持一段距離。或許你以前參加過他們的圈子，回家後累得半死。或是你在新生家長的歡迎茶會上，看著其他家長聊天，好像他們早已經認識了一輩子。你可能已經受到過度刺激了，所以仍然只是在一旁觀察、傾聽。然後你可能擔心自己無法融入這個團體，這是人性中很深層的恐懼；或是擔心別人在想：「這個人到底有什麼毛病？」所以你走入一群人，加入他們的對話，但是即使只是有一點輕微的過度刺激，也讓你想不出要說些什麼。之後，你覺得自己真的很不擅長社交。

然後就慢慢滑下了害羞的滑梯：你可能開始逃避和其他家長的聚會，他們則逐漸成為熟悉、緊密的社交團體。結果就是當你必須和他們相處時，受到更大的刺激，因為連你本來還有的社交技巧，你都開始懷疑了。害羞是害怕受到社交批判。現在，你和至少某些家長相處的時候，會感到害羞了。不是每一位高敏感家長都是如此，但是大部分高敏感家長進入新的社交團體時，都可能如此。別人建立關係比你快，甚至可以變成好朋友。他們在新的團體中不會受到高度刺激，你會。事實上，這個程度的刺激正適合他們，所以會和其他家長盡情談話。

你也可能害怕社交批判，因為你知道你的體驗和周遭的人不同，大部分家長似乎覺得親職工作沒那麼困難，可是你卻覺得很困難，或極為困難。或者你因為和孩子如此調和而覺得與眾不同。這一點看起來是優點，但或許別人會認為你過度保護孩子或過度介入孩子的生活了。你可能做過研究，發現了一些很好的親職方法或營養資訊，其他家長卻覺得太過麻煩。這些比較和懷疑本身就會讓你害羞，因為我們處理資訊極為深刻，很容易就像滾雪球似的，變成更多的比較、懷疑以及來自他人真實或想像的批判。

懷疑別人是否覺得我們沒問題是很自然的。這是人類賴以生存的一部分：參加團體、遵守規定，以避免被趕出去。我們需要知道社會對我們的期待是什麼。你一旦屬於被稱為「家長」的團體，別人對你就有各種期待。身為家長並不意味著你必須與人比較。比較會讓你一直處於「排名狀態」。你比較好、比較糟或一樣好？比贏了、比輸了或平手？

我在《被低估的自我》書中，寫到人類——甚至是所有的哺乳類動物——有兩種社交行為：排名和連結。當我們感到友善，與別人或團體產生依附關係，我們通常不會互相比較。當我們想著誰比較好、誰比較糟，就是在排名。比較和排名是很自然的行為。如果你觀察一群狗、馬、貓、雞或任何其他社交動物，他們都知道誰是老大、誰是老二，依此類推。這省去了每次都要一較高下的麻煩，比方說，不用每次都要爭誰先吃，或是誰可以和最漂亮的雌性交配。

但是，排名的感覺不如連結。喜歡別人（尤其是某些人）、他們也喜歡你的感覺很好。所有的社交動物都有朋友。因此，對付害羞的另一個解決辦法就是試著連結，而不是排名。對越多人仁慈友善越好，尤其是對你喜歡、也似乎喜歡你的人。讓排名消失吧。對其他父母，為什麼要排名呢？我們不是都在盡力嗎？是的，有些人似乎總是想看起來是最佳父母，特別喜愛排名，讓別的父母自認不足，但是你可以理解為他們有自己的問題才會這樣。躲開他們吧。

和別的家長在一起會害羞，要怎麼辦呢？

❀ 注意何時會出現排名的現象，躲開那些喜愛排名的家長。讓「他們」去擔心誰最棒，你不用擔心。

❀ 刻意用真誠的方式與人連結：微笑、眼神接觸、同理對方說的話。如果他說：「天啊，我好累。」你可以說：「對啊，真的很累人。」然後為他做一點小事情：「這裡。你要的話，可以坐下來。」如果你認識這個人，並且喜歡他，可以說：「我很高興在這裡看到你。」

❀ 在社交場合，注意其他感到退縮的家長，設法認識他們。試著提到這個場合多麼地過度刺激。你可能會發現對方也是高敏人，或是內向的人，或是內向的高敏人。

❀ 和你遇到的高敏感家長交朋友。需要參加活動時，和他們一起去。

❀ 試著避免加入大型社交團體。去參加小團體，尤其是裡面有你認識的人。

❀ 如果你知道自己必須與人聊天，可以事先想一想話題——想想你們有什麼共通的、有趣的親職經驗，但是不要有爭議性。讓對方開口說話，你就只需要興致盎然地傾聽。（你可能已經知道這個祕密：大家都喜歡談自己的孩子，覺得你願意聽真是太好了。）

❀ 當你要參加一個團體時，先和你認識並且最喜歡的人說話。不要站著等別人來跟你說話。

❀ **或許**可以接下不需要做太多實質工作的領導角色。這會讓別人來找你，賦予你某種地位，看起來像是一個真正的成員。

罪惡感

每年十二月和六月，學校都有一大堆活動。孩子和老師要我去學校，會遇見很多家長和孩子。我下了班實在沒力氣了。可是拒絕孩子感覺不對，為什麼我把力氣都給了工作，卻拒絕自己的孩子呢？

另一位高敏感母親分享自己的罪惡感：

每次想到是我「導致」孩子缺乏社交，就讓我很痛苦。

在人類的社會演化中，一點點真實且必要的罪惡感或羞恥感一定產生了莫大的功效，讓大家的行為適合和諧的群體生活。例如，想像一下，不肯和孕婦、老人、小孩分享獵物的獵人會怎麼樣？必須讓他覺得羞恥。高敏人一定需要特別擅長覺察到自己快要踏過大家能接受的界線了，因此在被任何人發現之前改變自己的行為。這也讓我們特別容易長期感到自責與羞恥。

當我們覺得自己**做錯了**什麼時，就會有罪惡感。我們希望做出補償、獲得原諒，更努力避免以後再犯同樣的錯誤。罪惡感不像羞恥心那麼有終結性，讓我們覺得自己沒有價值。（長期的罪惡感可能會很接近羞恥。）高敏人很容易有罪惡感，因為我們很會想像自己的行為可能造成別人的不方便或不開心。我們的天性就是希望下次做得更好。如果我們童年時經常覺得罪惡或羞恥（除非大人們知道要製造孩子心中的這些情緒有多麼容易），成年後就更容易感到罪惡或羞恥。

親職帶給我們覺得罪惡感的新機會，尤其是高敏感父母。身為父母，覺得有罪惡感是很自然的。你不可能滿足孩子所有的需要和欲望，你不是「萬能父母」。在家庭中，因為親職很累人，我們也會因為我們對伴侶造成的影響覺得有罪惡感。在家庭外，我們不像別的父母，我們沒有那麼多時間維持友誼。親職需要我們，因此，我們無法將全心全意放在工作上。當我們筋疲力竭時，就容易怠慢別人或發怒。

大家會期待家長做志工服務，我們卻無法達成所有的這些要求。因為我們事情做得這麼好，或是以前都沒有（或無法）拒絕過，大家往往對我們會有更多的要求。如果我們拒絕，就會覺得有罪惡感。

❀ 和別人談談。他們覺得你犯了錯嗎？還是視每個人看事情的角度而定？

❀ 想一想，是否有人希望你覺得自己犯了錯，或是覺得有罪惡感，以便讓你做他們要你做的事情？

❀ 如果你犯了錯，可能是一般人都會犯的錯嗎？真正造成了多少傷害？你可能會開始覺得不那麼有罪惡感了。

❀ 運用你的同理心。從別人的角度看你的「錯誤」。是否只是誤會？溝通出了錯不是任何人的錯。訊息離開了你的嘴、電腦或其他管道，卻沒有讓別人接收到你的原意。如果雙方嘗試真誠溝通，雙方都沒有錯。你說的是「如果可以的話」，你願意照顧別人的孩子。對方聽成了承諾。你知道自己說了些什麼，對方似乎聽成了別的意思，不用覺得有罪惡感。

❀ 如果真的是你的錯，接受責備。讓自己感覺糟糕一會兒，然後計劃如何彌補，或避免未來再犯同樣的錯。別人通常期待你會為自己辯解，因此，接受責備往往可以對別人產生奇妙的效果。你可以說：「我知道你希望我做那件事，我也說我會很快去做，但是你說的對，我還沒做。」然後答應你會做，或是表明你知道自己做不到，應該早一點跟他說的。

❀ 想一想，你是否無意識地犯了錯。例如，有時高敏人可能為了表示友善，說我們會做某件事情，但是其實我們並不想做。最後我們沒有做，壓根兒就忘記了。任何時候，如果我們的行為不如自己預期，很可能是我們潛意識的動機和我們有意識的動機不同。在這些情況下，某種角度你確實應該受到責備，因為你心口不一。你也應該感到罪惡，你不知道自己真正需要什麼，不知道自己真正的感覺。你需要在這一點上努力改善。

❀ 我的一位朋友建議我列出十位朋友，如果他們有需要，或是在特別的時刻，例如他們的孩子結婚，我願意為他們做任何事情。你的單子上應該包括原因和他們迫切需要你時的應對方式。為了單子上的人，你會找人照顧自己的孩子，自己去陪伴他，即使距離很遠。如果某人不在單子上，就很容易不帶罪惡感地做出決定。

❀ 不要過於擔心關係中的錯誤，包括你和你的孩子之間，專注於思考如何處理你的錯誤。示範如何處理自己的罪惡感。不要為自己推卸責任，承認自己錯了。例如，試著在衝突時避免非常生氣，壓制了孩子的感覺。你應該說：「我沒有好好聽你說話，對不對？我真的很抱歉。」可以的話，試著盡力去彌補，或許回到同樣的衝突，這次好好傾聽孩子的觀點。

❀ 最重要的是原諒自己。我們都不完美。想一想你多麼努力。想一想許多人真心愛你、尊敬你，包括你的孩子。想一想，他們會原諒你，會希望你也原諒自己。

羞恥

我不是丈夫或孩子的溫暖安全堡壘。我知道這一點，感覺很羞恥，反而使問題更糟糕了。為什麼我無法接受這一點呢？為什麼我不能忘懷這一點呢？

◆ ◆ ◆

我常覺得自己根本不應該當一位母親。我無法給他們應得的一切。例如，我的孩子喜愛大型聚會，但是我們很少邀請朋友到家裡來，因為對我而言壓力太大了。孩子過生日時，我才會替他們辦大型聚會。這樣夠了嗎？

羞恥和罪惡感類似，但是更深刻，你會覺得（希望只是暫時）你整個人都很糟糕，而不只是你做的某件事情而已。大家非常想逃避羞恥的感覺，因此很少提及。但是大家做的許多事情的背後都是羞恥在作祟——遵守規定、行為良好、保持好教養、試著討好別人。為了逃避羞恥，大家會把事情合理化、怪到別人頭上、說這又沒什麼，或是說自己「那天狀況不佳」。如果你注意聽別人逃避羞恥感的言詞，就會整天一直聽到了。當我們說某人聽起來在「防衛自己」時，我們的意思就是他在逃避羞恥感。

我確信高敏人比別人更容易感到羞恥，和我們比別人更有罪惡感的原因是相同的——我們的各種情緒都更強烈，天生就會在採取行動前謹慎觀察。本質上，我們對自己的錯誤很有警覺性，但是過於專注於自己的錯誤，結果就是很容易認為自己有毛病。往往，別人無法協助我們。我們是少數人，別人常常只看到我們敏感特質的缺點，例如在壓力之下表現不佳；因為他人的偏見，我們覺得自己的核心自我沒有價值，至少在別人眼中沒有價值。如果自己的親職表現不佳，高敏人更會受到影響，包括用羞辱作為懲罰。當我們受到忽視、經常只能獨處，或僅僅是不被愛，也會感到羞恥。聽起來也許不合邏輯，但是這對我們產生的動機，就像我們是孩子，會為了獲得需要的愛和照顧而更加努力。

親職給了我們各種新的理由感到羞恥，別人給我們建議的時候就是其一。即使是一個小小的建議，似乎都暗示著我們做錯了。試著避開會給這種建議的人吧。如果避不開，試著說：

「我很高興這個方法對你有用。我覺得還有很多養育孩子的好方法。」

如果別人開始防衛自己（覺得羞恥），練習「放下羞恥的球」，而不要來回丟球。你可以說：

「是的，我認為我們有時候都會這樣做。」

「我也做過同樣的事。」

我認為高敏人可以學習當一位真正的領導者，教大家如何消除羞恥感。這對孩子也很重要。如果你覺得自己羞辱了孩子，可以說：

「我小時候也做過同樣的事。完全正常。」

「我完全了解為什麼你會有這種感覺，而做了你做的事情。做都做了，放下吧。我也會放下。」

如果你對不同的事情試過不同的方法，會好像犯了什麼消不去的錯誤。作為一個父母，你可能從罪惡感升級為羞恥感。但是，羞恥感不會讓你的親職表現更好，你會更猶豫，不信任你的敏感帶來的優點。

你**沒有理由**感到羞恥，不用覺得你的核心自我不好，雖然羞恥是一種不好面對的情緒。沒有人**不好**。你來到這個世界時，純真、敏感、準備好了要去愛。你感到羞恥的事情，絕大部分都不是你能控制的。你不用責備自己。你的核心自我一點也不壞，從來都不壞。是的，無論你有什麼問題，你都要為自己負責。但是，你不需要覺得是「自己造成這些問題」。

不過，羞恥並不受到邏輯控制。你需要從別人——**對的人**——眼中好好檢視。你的伴侶或是朋友可能可以協助你，但是有些人反而會讓你覺得更羞恥。或許我寫這本書的最大目的就是用其他父母的例子讓你看到，你並不孤單。即使你經常有負面情緒，也無須感到羞恥。我特別想鼓勵你接觸至少一位高敏感父母或團體。找不到嗎？自己發起一個網路團體，或是實際面對面的團體。當然，你會和其他高敏感父母不同。但是你也可能看到自己其實還是正常的，你的核心自我一點也不糟糕。

如果你大部分時候都覺得羞恥，可能需要在這方面努力改善了。有許多專業人士可協助你，不只是治療師，還有書籍和課程。羞恥的問題很大，簡直自成一個行業了。

- 控制自己追求完美的傾向。學著不要對自己這麼嚴厲。
- 專注於自己過去做得很好的事情。有罪惡感的時候，想一想那些愛你、尊敬你的人。
- 想一想，有多少的羞恥來自對自己敏感度的羞恥。現在你看待敏感的脈絡不同了，拜託請重新定義自己的敏感吧。
- 想一想你認識的哪些其他父母能夠了解你的敏感，無論是目前認識或以前認識的。
- 想一想所有的高敏感父母，過去、現在、未來的。我認為他們能夠體會每一位高敏感父母都不同，包括你在內。你的任務很困難，但是你的表現很好。

驕傲

驕傲是很可愛的社交情緒。你經常會為孩子感到驕傲。當然，驕傲也是一種比較，牽涉到了排名。我說過，排名很自然，我們一定會有這種行為。只有當我們無法贏過別人，或是擔心別人要贏過我們，因此不開心時，排名才成為問題。排名協助我們記得你為某人感到驕傲：你的孩子。或許你為自己的親職表現感到驕傲，但是大部分是為了那個不同於你的獨立個體感到驕傲。高敏感父母對一切的感受都特別強，我們也會感覺到強烈的驕傲。這是多麼美好的禮物！

當然，你必須在你和孩子之間保持界線，記得這是**他們的**成就，不是你的。與此相反的則是自戀，父母幾乎將孩子視為自己的延伸，好像孩子是父母的一隻手似的。我非常懷疑高敏感父母會輕易落入自戀。以某種角度看，自戀是同理的相反。同理心讓我們深刻感受到別人的感覺，自戀則讓別人的感覺或見解幾乎不存在了。

多方面的社交刺激

我們必須面對事實：首先，你很容易受到過度刺激，尤其是家裡和外面都有更多的額外社交刺激。第二，你的本質就是對社交關係容易有強烈情緒反應。第三，你能夠或想要避免以下情況。讓我們看看有些什麼方法可以協助你吧。

記得：大部分的人不會知道許多社交活動對於你會是個問題。或許你可以找到其他高敏感父母，他們會了解你。但是大部分時候，你必須自己找到解決辦法。家長支持團體會給你最多的選擇。當然，你不一定要去參加支持團體。如果你決定去參加，先試試幾個團體，直到你找到一個有高敏感父母的團體。

如果孩子邀約朋友一起玩，孩子如果年紀很小，他們玩耍的時候，父母會在一旁聊天。你可能有時需要這麼做，如果你不想這麼做，可以找個藉口待在車上。你可以說有件事你必須讀一些資料，但是有需要的時候，你就在附近。其他父母可能也因此覺得輕鬆，可以做自己的事了。或許你們可以商量一下，未來可以有更多這種的聚會。

如果你的孩子特別喜歡和某個小孩玩，但是你不喜歡和他的父母相處呢？或許你的伴侶，甚至是朋友或鄰居可以代替你參加這些聚會。

至於球隊、球賽和練習，如果你得留下來陪孩子，就帶一本書，坐在遠離其他人的毯子上，等到孩子真正上場打球時再看他打球。之後，跟孩子說說你看到的他的表現，讓他知道你真的有在看他打球。

社交媒體可以協助你，但也可能增加你的社交刺激。你可以藉此和別人保持聯繫，但是接收到比較少的刺激。然而會有一個主要問題，當你不了解文字背後的感覺時，可能造成情緒壓力。高敏人特別容易過度反應，以為對方在取笑或批評自己。還有，花太多時間在社交媒體上也會造成過度刺激，尤其是如果你試圖多工的話。

關於志工服務

- 答應學校或球隊你會做的事要有限度，即使你沒有上班或其他壓力也是一樣。要考慮到你的敏感。
- 只做你會享受的事情，尤其是只做到看似和其他家長公平的分量，不要多做。

- 沒有人會知道你已經超載了，你會答應只是因為礙於情面。如果你的事情太多了，就直接拒絕，協助他們避免給你太多壓力。
- 記得，安排志工服務的人必須照顧你的福祉。你是志工，你只需要做足夠的事情，被視為有幫了忙就夠了。
- 記得，雖然聽起來很好玩，但是你必須考慮到，在嘉年華會擺攤子或是校外教學服務了一整天之後，你真正的感覺會是如何。或許值得，或許不值得。
- 記得，不那麼敏感的人可以輕易地做這些事情，但是對你而言卻會太多。讓他們去做吧。
- 你知道可以說：「此時此刻在我們生命中，這件事我就是不行。」或許你可以先說：「讓我先想一想，再跟你說。」

各階段的社交生活

每個階段的社交生活都有起有伏。嬰幼兒時期，問題往往是社交孤立。這時你會想要跟朋友、鄰居、親戚或同齡小孩的母親支持團體聚會。在這個階段，你會和孩子一起出現在大部分的社交場合，比較會討論更多關於孩子和親職的話題。你很自然地會和別人比較。親戚尤其愛告訴你如何當一位父母。在這些話題上，大家都有不同的意見，每個人的孩子也不一樣。身為高敏感父母，你不要深刻處理這些意見，懷疑自己在各方面是否像其他父母做得一樣好。要經常提醒自己，你和你的孩子都是獨特的個體。講到你和你的孩子，你才是專家。當然，你想要聽聽別人的好主意，以解決你面對的問題。**但如果對你而言不是好主意的話，就丟開吧。沒有任何一個方法適合每一位父母。**

學齡兒童通常為父母帶來最多的社交責任。你必須根據自己的能量設定限制，這一點，我們在討論罪惡感時已經討論過了。因為孩子上學，你現在可能有了更多耐力，但是或許你回去上班了，或是從事自己非常喜歡的嗜好，得到一點放鬆。記得：親職不是每個人的天職。這時候，該讓孩子習慣你或你的家庭——甚至是他們自己——與別人不同了。利用這個機會教孩子健康的「與眾不同」。**我們需要決定自己的生命中何者優先，然後試著堅持下去，無論別人多麼希望你和他們一樣。**

一位高敏感母親分享了孩子學齡時，自己的社交經驗：

> 我現在最大的問題是我的老大每天都想和朋友一起玩。我下班後需要放鬆。我需要的和她想要的不同。我感到壓力和哀傷！我們的解決辦法就是她可以每天在外面和朋友玩，每週一天可以帶朋友回家，在我們家玩。當然，她並不想要這樣，但是願意遵守約定。

另一位高敏感父母寫道：

> 形成友誼深具挑戰，我的兒子會約朋友來家裡玩。我的兒子年紀較小，所有男孩都比他大一點，比較成熟。他有一位好朋友和少數幾位玩伴。朋友來家裡

玩的時候，我很累。我只會想到：「什麼時候才會結束？」兒子年紀漸大之後，我可以讓他待在朋友家，兩小時之後再接他回家。我不知道如何對別人解釋這些感覺，我覺得沒有人會了解。

當孩子是青少年的時候，你可能比較能夠避免社交責任。但是可能更需要認識孩子朋友的父母，你們才能同意可以在外面待到多晚才回家、毒品和酒精如何規範、聚會時可以做什麼事情。如果你發現你和其他家長沒有共識，就非常需要知道對方的態度。在這個年紀，青少年可能不需要你見到他的朋友的家長。或許你需要取得別人協助，舉辦幾次好玩的活動，邀請一個或更多的家庭參與，彼此認識。例如玩桌遊、野餐或爬山等等。

教師

對某些家長而言，和教師的社交互動可能是最令人心生畏懼的了，因為教師對孩子的幸福非常重要。你身為高敏感父母，只要想到和教師互動就可能已經受到過度刺激了，尤其如果以前你和教師有過不良互動的話。首先，你可能需要想一想你對教師的印象從何而來，往往是從你的童年而來，或是你認識的某些教師或有過互動的某些教師。

一位高敏感父母說：

> 我的孩子上學時，不只是有找個好學校的壓力，或是研究哪個城鎮有好學校，最適合居住。而是面對學校系統裡的人。每一次見面，我的敏感都會發作。我離開時，像是自己剛剛身在顯微鏡下似的，對這次的見面充滿懷疑。和學校老師談過之後，我回到家，去我的角落待著。一切都感覺太超過了。

或許你將教師理想化了。我小時候就是這樣，我現在還是這樣。我覺得他們的工作極為重要。但是他們也只是人，往往還很年輕（當你自己年紀還小，他們都看起來又老又有智慧），不像你理想中的那麼有經驗。或者你不太喜歡教師。或許你小時候，老師給了你很多麻煩，或是不理解你的敏感。或許有些老師就是不適任。

無論你過去的經驗是什麼，你都要拋棄過去對教師的成見，你將要面對的教師只是另一位成人，和你是平等的。即使因為你的孩子是脆弱的，你因此覺得脆弱，你也不是「處於劣勢」。同時，你也不要表現得好像你「比較優越」，即使你在某個角度上看，確實是處於優勢。身為家長，你可能給教師帶來很大的麻煩。但是你的目標是和教師談話，把對方當作一位獨特並與你平等的人，所以事前先對他們有一些了解會有幫助。每次見面時，做一些「有連結」的閒聊。或許你看過老師牽著狗（養狗的人非常喜歡和別人聊他的狗），或是誇讚老師幫班上做的布置，特別是可以連結到你可以提供的興趣或才華。

記得，教師工作極為繁忙，某些要求過高的家長可能成為教師的惡夢。如果你希望教師知道你不是這種家長，即使是在小小的閒聊（我會建議所有的閒聊都要很簡短）之前，都要注意教師是否看起來已經很累了。或許說一聲，你知道他們工作有多麼辛苦，表達一些感謝。這才是真正的同理心！

當你進行「真正的談話」時，一開始先表示感謝，但是不要顯得矮人一截（你也很辛苦）。謝謝他們願意花時間傾聽。（我知道你的本質是一位有禮貌的人，但是緊張可能使你忘記。）不要說一些不必要的、關於孩子的可愛小故事。你說的一切都要有所幫助，提供更多資訊，協助對方教導你的孩子。

高敏感父母面對的最困難情況可能就是你對教師的能力有所質疑了。往往，一開始是孩子告訴了你一些事情。如果可以的話，花一些時間和老師相處，去了解真正發生了什麼。用你的技巧——你的友善、閒聊能力、善於用策略將話題轉移到你想談的主題——不要太直接，以免激起教師的防衛機制。教師就像任何人一樣，可能受到羞辱，尤其是如果家長質疑他們是否有能力當教師。他們需要防衛自己的名譽，擔心事情擴大，傳到上級或其他家長耳中。了解他們的脆弱。你不希望羞辱他，或許他也會說你壞話。如果你對某位老師有嚴重的質疑，和班上其他家長談一談。你們可以一起將擔心的事情告訴學校當局，但是小心不要攻擊教師的人格。專注於課堂內發生的特定事件。記得，如果你表示這種老師不應該繼續教書，學校當局也可能覺得受到羞辱，因為這等於在指責學校當局辦學不力。只要報告你所觀察到的現象，然後讓他們解決問題。

還有，要辭退教師並不容易。想要避開問題教師，最佳辦法是熟悉學校裡的教師，知道大部分家長認為誰有問題，確保孩子不會進入他的班級。你應該有權做此主張，因為你畢竟是消費者。不要直接做出要求，但是你可以建議說，你的孩子在某某老師的班上會表現更好。如果你和孩子以前的某位老師關係不錯，或許他可以幫你跟校長說。

雖然本書不是關於如何養育高敏感孩子，但是你知道天生個性這回事，也知道孩子的個性是什麼。提到孩子的天生個性可能有用，但是要知道大部分教師沒有受過相關訓練，對於兒童的天生個性並不熟悉。但是，他們做過很多觀察，無論他們是否正式地加以標籤理解。因此，討論孩子個性時，你一開始可以說：

「我相信你已經注意到了，有些孩子像我的孩子一樣，比較＿＿＿＿（活潑、安靜、容易分心、任何其他特徵）。」

然後用行為描述孩子的個性，問教師在課堂上是否有相同的觀察。從這裡開始，你們可以一起腦力激盪，如何為孩子提供合適的教學環境，而不至於將孩子的個性當作某種能力上的缺陷。

往往，教師會擔心，如果要考慮孩子之間的差異只會導致更多的工作。所以重點是，**你必須讓他明白，考慮到孩子的個性會讓教學更為容易**。例如，如果孩子非常活潑，你可以提出你學到的各種方法，協助孩子在坐下來學習之前先釋放一些精力。

你或孩子的健康照護者

我們以前面對醫生和護理師等健康照護者，也有過好的或不好的經驗。身為高敏人，這些經驗可能特別強烈，所以你會將過往經驗帶進現在的生活裡。記得，這些人都是獨立個體。說出任何可以讓你覺得彼此平等的話都有幫助。同時，他們真的很忙，和病人談話的時間很少。他們有一套公式：閒聊一兩句，然後開始工作。工作要快、要果斷，而不是緩慢地一來一往。身為高敏人，你已經思考過你或孩子有的各種徵狀，想要一一詳述。如果你很緊張的話，還會結結巴巴。我建議你把要說的內容列在單子上，每一項下面留空行，用來做筆記，表示你很認真。但是往往健康照護者聽了前面兩三項，就不再聽了。他們想要提出問題。有時候，讓他們先提問比較好。讓他們覺得你不是多話的麻煩病人。最後再提出你覺得他們忽視了的問題。

關於健康照護專業人士，孩子是嬰幼兒時，你最需要的是有反應的服務。你需要隨時可以打電話去，很快有人跟你說話。你需要覺得可以信任這些人。他們知道最新研究資訊嗎？（我相信你已經查過了。但有時候，讓你的伴侶去研究比較好，你就不用看到那些可能發生的災難了，通常那不會發生在你身上的。）

當孩子到了學齡，你認識更多家長時，問一下，他們喜歡哪裡的小兒科醫生和其他健康照護專業人士。這並不表示你也會喜歡，或是有朋友介紹你就必須去那裡。但是可以節省時間，不用單打獨鬥地嘗試錯誤。

你的目標是和某些專業人士建立很強的關係，一直到孩子青春期。無論這些人是否明確了解高度敏感是怎麼一回事，至少他們足夠了解你，不會批判你的敏感。他們也可以協助孩子學習和健康照護者保持良好關係，注射疫苗或抽血檢驗時可以保持冷靜。醫生應該能夠和孩子進行對話，讓孩子放心。

以上也都適用於你自己的健康照護。你需要能夠了解親職工作有多麼辛苦、對你身體有何影響的人。或許你可以帶著《母親撫育》一書（你應該表示這是你剛好發現的、很有意思的書，而不是好醫生應該知道的書）。他們需要了解你的敏感特質。你可以用介紹孩子敏感特質的同樣方式介紹，加上適合的情境：

「我相信你一定注意到了，有些人——（對疼痛比較敏感、需要問更多問題、需要考慮各種選擇才回覆你、會忘記事情需要再打電話過來），我就是其中之一。我也可能超級配合、聽話，所以長期下來，可能是你最容易處理的病人。」

公共場合對孩子行為有意見的陌生人——如何處理

對於高敏感父母，在公開場合與陌生人的偶遇可能是最糟糕的經驗了。陌生人突如其來又莫名其妙地提出建議或攻擊你，當然，因為在公眾場合，我們更覺得脆弱無助。我們不可能隨時控制得住孩子的行為，他們就是會哭鬧。可以研究一下如何在公眾場合處理孩子的哭鬧，有人寫過這方面的書。

如果你經常和某人一起帶孩子出門，例如伴侶或朋友，事先同意你們會如何處理這種情況，或者決定對方不涉入，以免你們兩位之間的爭吵只是讓情況更糟。最好和你在一起的人可以接手處理這個情況，特別是他不像你這麼敏感的話。

事先也要想好，遇到陌生人干涉的時候，你可以如何快速回應，從很有禮貌到比較不禮貌或者尖銳回應：

「謝謝你的建議，我**以後**會想一想。」

「有各種養育孩子的風格，你看到的就是我的風格。」

「我現在真的不需要任何建議或批評，我以為這應該很明顯了。」

「我猜你不太懂兒童，是吧？」

我認為，如果情況很明顯，你正在努力處理，已經手忙腳亂，或是你並沒有開口求助，那麼這些陌生人就有點逾越了，即使他們給了你他們認為好的建議。他們不認識你或你的孩子，也不知道之前發生了什麼事。如果你真的因為陌生人說的話覺得很喪氣，你可能需要自信或自我保護的訓練。通常，這種訓練是在團體中學習，但你也可以從網路或書籍中學到很多。我曾經參加一個訓練女性自我保護的短期課程。我們的第一課就是如果坐在旁邊的人把手放在你的大腿上，要如何回應。我們兩人一組輪流練習。我們只是需要說：「我不喜歡這樣。不要再碰我。」除非有教練帶領，有很多女性很難說出口。或許，身為高敏感父母，你只需要說：

「我不喜歡你說的話。不要再說了。」

談到你的敏感和你的親職表現——如何回應

偶爾，你的敏感會成為和親職有關的話題。如果對方不贊成你的某些行為，請先就事論事。醫師或護理師是否覺得你太擔心了？你可以說：

「我正嘗試在擔心太多和太少之間找到中庸之道。我相信你看過擔心太多以及擔心太少的父母。你給我的資訊越多，我越不會那麼擔心。」

另一個方式是說：

「我的擔心讓你擔心了嗎？」

如果別人認為你臉皮太薄，你可以說：

「我很重視你的批評——這樣也有問題嗎？」

可以提出這個核心問題：

「我的敏感哪裡讓你不舒服了嗎？」

最後可以說：

「像我這樣的人本質就是如此，我會思考得更多。」

「我會注意很多細節。」

「我很容易哭。」

「我和孩子極為調和，這在以前幫助很大。」

老師可能會說：「你對孩子過度保護了。」首先，思考一下自己是否過度保護。高敏感父母確實可能過度保護。如果對方跟家長和孩子相處的經驗很多，你可能學到寶貴的意見。要當一位（或看起來像是！）可以採納建議和能夠改變的人。

如果你不同意老師說的關於你的敏感的話，你可以請對方說得具體一點：「聽起來你覺得我做的事情不太對。我尊重你的經驗，讓我們討論一下吧。」但是也要為你自己說話，如果你覺得自己並沒有錯，可以舉出例子和事實，加以說明。

對於整個親職過程中都會相處的人，試著跟他談談敏感這個特質。但是首先，想一想對方的反應。即使你們很親近，如果你只是突然開口、公開談論，你可能會發現對方感覺離你更遠，你們之間突然冒出奇怪的新差異，反而讓他不肯多說。同時，聽起來好像你想要特殊對待似的。雖然這是真的，但是你可以花一些時間慢慢變得更堅持。首先，讓他們沉澱一下。小心不要拿你的敏感特質作為藉口，逃避別人的喜好和需求，結果事實根本無關乎你的敏感。提供你各種親職服務的人也許會很高興知道你的特質，才能為你提供更好的服務。少數人會認為你是為了獲得特殊對待才找這個當藉口，或者認為是你（或我）編造出來的特質。用你的直覺試著感受你是否會得到這種反應。

你以各種方式協助的人，例如老師或其他家長，應該知道你的敏感特質，因為這正是為什麼你這麼善於協助別人的原因之一。想一想他們從你的高度敏感已經獲得了什麼，然後在你提及你的其他特質時，順道一提：

「你說得對，大家在一起的時後，我通常比你更了解你的孩子需要什麼。這就是高度敏感的結果。」

依此類推。讓他們了解敏感特質，並想要保護你，期待你繼續對他們有用。要明白表示你需要他們做什麼和不要做什麼。

如果你希望全部家長都用一種不同的正向方式對待你，試著跟一位個性外向、非常喜歡你且了解你的敏感的家長談談你的特質。這個人會用最佳方式告訴所有人。

當你跟其他高度敏感的人——家長、老師、親戚——談到這項特質時，他們通常很高興聽到這樣的資訊。但是要記得你自己一開始的矛盾心理。他們可能不想被貼上標籤，或是被自己的心理所困，或是發現自己果然像自己一直以來想的那樣，是個有缺陷的人。如果他們覺得自己並不是高敏感，或是覺得這個標籤過於有限制性，你必須接受他們的看法，並且，你**一定**要強調高敏感的正面。

最後，有些人可能覺得你認為他不是高敏人而被得罪了，因為他們自己覺得其實很有同理心或關懷別人。告訴他們，敏感確實包含了同理心和關懷，但是你指的是對感官刺激的敏感，以及容易想太多的特質。你必須避免像是「更深刻的思考」、「更多同理心」的字眼。如果他確實有同理心，就跟他說，你知道他很有同理心，高敏人受到過度刺激之後，並不見得很有同理心。

如果他們還是不開心，不願意接受你的不同、不接受你的特質……

咰！好氣！

這是正常的生理差異，是天生的，占有人口的20%，幾乎所有高等動物都有此特質。我們會仔細思考，注意到細節，對事情的感受很深刻。

你也可以說：

「會注意到每一項細節、深層思考的人，邏輯上也會更容易因此感到疲倦。我們很容易受到過度刺激。」

如果他們仍有興趣聽，你可以說：

「這種差異極為強烈，影響到每件事——我們對疼痛、咖啡因、藥物、溫度、光線和飢餓都更為敏感。我們比較懂得反省，我們學習更慢但是學得很徹底，我們往往太過於有良心。」

❀ 如果你感到害羞、害怕以及類似情緒，可以說明大約三分之二的高敏人為了降低刺激而變得內向，寧可只有幾位親近的朋友，而不是喜歡團體生活或是認識陌生人。但是有三分之一是外向的。我們可能看起來很害怕或害羞，因為我們會停下來，花更多時間檢視周遭，看起來就好像害怕了。

❀ 談論敏感特質時，要考慮到：

- 這個人對你和你孩子的未來幸福有多重要？
- 有多少時間可以解釋高度敏感？
- 對方是否會聽你解釋，是否會覺得無論自己想不想聽，都不得不聽？
- 科學深度會為你的主張加分或是減分？
- 他們尊敬的權威是誰？可能是其他家長、老師或跟你很熟的人，或是像我這種科學家，以研究支持我們的主張。
- 一開始不要說太多，看看他們是否真的好奇，你可以讓他們感到更好奇。

- 他們真正有多大興趣？注意細微的線索，試著不要在意別人沒興趣。他可能很忙。他可能想假裝他已經知道這件事情了。這個議題可能讓他害怕（很多男性會害怕）。

結論

對於高敏人，有了孩子之後的社交刺激是真實的問題。要考慮到這一點。你很有創意，可以解決這個問題的。如果你知道自己需要什麼，你有權利堅持。身為高敏人，你有足夠的能力找到方法，圓融地守住自己的需要。

所有的高敏感父母都必須學會設定界線，學會溫和卻堅定地拒絕。你面對孩子時也需要這些技巧，所以不如到處練習一下。

第 7 章

敏感父母和伴侶

關係中的問題及改善方法

我們兩個都不喜歡衝突，關係很和諧。孩子為我們的生活帶來了很多衝突，但是我更喜歡這樣，因為這些事情讓我們更有人性！

本章將討論一般親職面對的某些問題，特別是高敏感父母。看看你是否也有這些問題。本章也提供一些解決問題的工具。下一章，我們會回到這些問題並運用工具一一解決。為什麼是兩章呢？因為有伴侶的父母，尤其是高敏感父母，與另一半的關係必須很強健，否則生了孩子之後，兩人的關係可能破裂。我聽過許多高敏感父母說他們無法「照顧兩個孩子」，或說：「我的伴侶拒絕相信敏感使得親職對我非常困難。」這樣的關係通常會走上結束一途。

當然，如果這兩章不適用於你，那你已經讀完本書了。恭喜你！如果這兩章適用於你，請你繼續閱讀。

新的挑戰與新的機會

所有伴侶生了孩子之後都會面對新的挑戰。壞消息是，平均而言，所有的父母都覺得生了孩子之後，他們的關係變得不那麼令人滿意了。好消息是，我們的研究顯示高敏感父母的狀況並沒有更糟。對於我們提出來關於伴侶的問題，高敏感父母的回答和一般人一樣，這些問題包括：他們在關係中是否感到快樂；伴侶是否是好父母；伴侶是否認為他們是好父母、且對他們的親職表現未感到失望等等。我相信，高敏感父母的親職表現比一般父母還更好一點。是啊，我們比一般人有更多的同理心、直覺和良心。

無論你們兩個都是高敏人，或是只有你是，你們需要知道如何改善關係的資訊都在《啟動高敏感的愛情天賦》（*The Highly Sensitive Person in Love*）一書裡了。不過，有了孩子之後，伴侶關係一定會改變，你專注的事物也不同了，這個生命轉變不但使你們成為父母，也使你們的關係更深刻、更強韌。

本章某些內容改寫自里克・強森、珍・強森和里奇・波利克夫寫的《母親撫育》的最後三章。我高度推薦大家讀這本書。不過，這本書不是為了高敏人或是父親寫的。

五大問題

有孩子的伴侶之間至少有五大問題，這些問題對於高敏人特別困難。但是不要擔心，我們討論過這些問題之後，本章及下一章都會談到解決方法。

問題一：新的惡意時刻

我的婚姻遇到困境了，大部分是因為我的女兒小時候喜歡我的陪伴，不喜歡其他任何人的陪伴。我丈夫認為是親餵造成的問題，他希望孩子早早獨立。他越是逼她們獨立，就越焦慮，孩子們（很自然地）越想跟我在一起。一天晚上，我正在鍋裡下麵條，女兒巴著我的腿。我當時累壞了。我丈夫回到家，問女兒要不要玩。她說：「不要，你為什麼不回辦公室去？」我丈夫個性其實十分溫和，卻對我吼：「你想要依附式親職，現在你得到了！」然後摔門出去了。我們是怎麼度過的？我都開玩笑說，我們太累了，累得沒力氣離婚。現在孩子分別是五歲和九歲了，我們的家庭很快樂、功能健全且彼此親近。沒有人猜得到我們曾經走過的路。

無論是否高敏，你和伴侶的生活中都添加了許多壓力，對彼此說話會比較尖銳。你們會易怒，可以在彼此的聲音中聽到怒意。你們都不喜歡這樣，但是高敏人可能感到更大的壓力、更覺察到怒氣、更覺得需要停止這個現象，同時可能是更常發怒的那一位。首先，你可能特別疲憊，覺得親職很困難。第二，高敏人總是比較挑剔，因為我們會更注意到一切，包括伴侶做了惹我們生氣的事情。更糟糕的是，如果你的伴侶不是高敏人，無論你做什麼，他們似乎都不在意，結果你變成唯一嘮叨不停的傢伙。

問題二：失望與隱藏的怨恨

失望和怨恨可以留下長期的情緒包袱，傷害所有的互動，親職則會勾起舊仇、創造新恨。前面提過，高敏人情緒更強，處理得也更深刻。身為高敏感父母，你可能想要表現善良的一面，不願意為自己發聲，或是害怕一旦打開充滿情緒的議題，就會受到過度刺激。這兩個原因以及其他原因使你比一般人更容易失望與怨恨。

如果你的伴侶不太敏感，這時的你可能比以前更為失望。你會希望伴侶和孩子更調和，不要每次都是你最早發現問題、最早採取行動，而你的伴侶卻告訴你，這全都是你的想像。更糟的是，當你深刻地感覺到親職所有的起起伏伏以及所有的責任時，伴侶缺乏跟你的調和。另一個怨恨來自你和伴侶必須一起做決定，但是你有所懷疑，因為你的直覺告訴你，結果可能有問題。你開口，但是被否決了。當決定確實出了錯，你會怨恨他沒有聽進你的話，或是因為這次的後果而怨恨伴侶。

單單是選擇要不要生孩子，或是再生一個孩子就是個大問題。常常，一位伴侶會比另一位伴侶更想要孩子或是想再生一個孩子。如果你遲疑了，可能對目前的親職狀態產生深刻的怨恨。如果你想要再生一個孩子，但是你們兩個同意不再生了，不小心的話，你可能終生感到失望與怨恨。生產呢？或許生產時你比你們期待的都更為情緒化。例如，如果你是母親，或許你覺得你在困難的孕期或是流產之後，需要從伴侶那裡獲得更多的情緒支持。生產過程對任何人都很困難，對你更是困難，你可能一想到就怨恨伴侶沒有為你發聲，沒有要求醫護人員照著你說的方式做事。

如果你是不是生產的一方，而是看著孩子出生的高敏感父母，你可能覺得自己被排除在外、被忘記了，尤其是如果你和伴侶已經做了那麼多的準備，到時候你的伴侶卻轉而向醫護人員或助產士尋求幫助的話。或許，新手媽媽完全專注於新生兒身上時，你會覺得被排除在外。如果親家母也來幫忙，你可能覺得自己完全不存在了。除非面對這些失望、克服怨恨的情緒，否則你們的關係永遠無法健康。

問題三：親職工作之共識

我無法置信，我丈夫覺得孩子的缺點都是我的錯——都是我太常安慰他、對他太有耐性、讓他變成愛哭鬼。

一位高敏感父親說：

晚上時，我們的做法不同。有時候我們把孩子分開，我太太送非敏感的孩子上床睡覺，我陪高敏感的女兒。我讓女兒探索、要求這個要求那個、吃東西、比較晚睡。我們經常一起讀書、看圖畫。我認為這很正常，她可以用自己的速度做自己的事情，沒有人打岔。她可以自己選擇活動，不需要和妹妹搶玩具。但是這樣一來，我沒有給孩子我太太提供的固定規律和上床時間。

如果女兒快要發脾氣了，我可能也比我太太更快讓步，因為我受不了一直聽她抱怨。

一位有自閉症兒子的高敏感母親分享自己的經驗：

在情緒上和生理上，我的前夫和我現在的伴侶（兩人都不是高敏人）都比較不會受到孩子的影響。他們看不到發生的事情，不會把事情連結到一起去，尤其是感官方面的事。我的孩子無法和他們溝通，無法表達是什麼事情讓他不舒服，他們沒有辦法像我一樣了解他。

這一點讓我們的關係很難經營，因為我們對情況的理解非常不同。

所有的親職夥伴都得在親職哲學以及從親職態度中冒出來的各種日常決定有大致的共識。哲學始於價值觀。孩子長大後，你最希望他擁有的特質是什麼？個性好？非常成功？自信？好奇？慷慨、關愛？適應社會、不受排斥？獨立精神？受教育？有智慧？有創意？心靈豐盛？保持你們的傳統文化？

身為高敏感父母，你可能比伴侶更深刻地思考這些議題以及後果，因此，你可能有意識地擁有你自己的親職哲學，而你的伴侶沒有。你不要自己都還不確定伴侶怎麼想，就直接實踐你的親職哲學，否則你們的日常行為會非常不調和。或是你們兩個可能強烈地不同意彼此的看法。經過所有的思考之後，伴侶的觀點可能和你不同，甚至看起來極不理性。

問題四：分擔工作

我丈夫不是高敏人，一開始很不能接受我無法一個人做所有的事情，不相信我需要經常休息，以及其他的事情。事實上，我現在還是需要為自己爭取休息時間。我知道他可以一直持續，我卻無法。他對孩子有穩定的影響，如果孩子誤以為每個人都像媽媽一樣，能夠心領神會、體貼入微，他們面對現實的生活時就會很困難了。

撫養孩子是很辛苦的工作。伴侶經常因為分工是否公平以及誰應該做什麼而發生衝突。我從經驗得知，當人們住在一起時，如果問他們各自做了百分之多少的家務事，這些數字加起來一定超過百分之一百。我們很容易忽視別人做了些什麼。大部分研究發現，即使雙方都上班，女性還是比男性做更多家務事與養育孩子的工作。我可以想像，無論男女，高敏感父母可能都會做更多家務事和撫養孩子的工作。高敏感父母很有良知。他們更在意雜亂，因此比伴侶更需要維持家中整潔。一般而言，高敏感父母更注意孩子，可能是第一個跳起身照顧孩子需求的人。高敏感父母也可能不會保衛自己的權利，寧可多做事，也不想吵架。

另一方面，我們可以想像，高敏感父母可能覺得自己無法像伴侶一樣做那麼多事，很容易覺得受到過度刺激、疲憊不堪。

最大、最常被忽略的怨恨可能就是兩人是否公平分擔了繁雜的家務事，以及養育孩子時比較無聊的部分。沒有人想做這些工作。「我有出門賺錢養家」是不夠的。通常，出門賺錢養家並不會那麼繁雜無聊、孤單寂寞、失去社會認同。週末時，平常上班的父母「需要和孩子玩」——這一點很好，但是問題還是一樣，誰來做繁雜無聊的工作呢？

除了問題需要解決之外，讓孩子看到家庭中有重大的不平等、看到誰做得比較多，並不是好事。

問題五：保持親近

毫無疑問，有了孩子會改變你和伴侶親近的時間，或是親近的本質也改變了。現在，你們可能需要花時間一起做事情、和家人相處、討論如何好好處理問題，或者甚至幻想著未來孩子離開家之後會怎麼樣！高敏感父母特別需要更多親近，因為他們對失去親密感和實質性的感覺更強烈。例如，我們的研究顯示，高敏人更喜歡有深度的對話。深刻的對話仍然會發生，但是現在可能更集中在孩子的問題上了。你可能覺得這樣是不夠的。

當然，在優先順序上，你覺得你必須將親密感列得很低，因為你必須做許多其他的事情。但是問問自己，問問彼此，你們有多麼想念生孩子之前的親密感。如果你們之中有人覺得深深思念，或是覺得苦澀、退縮，你們就需要將親密感列為優先了。即使事情已經很糟糕了，現在還是可以改善的。

可能被忽視的情緒

在我們開始討論這五個議題之前，先看看困難產生的情緒脈絡。在討論失望與怨恨的段落，我們已經提過一些了。但是還有更大的脈絡。當孩子生下來之後，以及養育孩子的期間，父母雙方都有強烈的情緒——如果你是高敏人，情緒還會更強烈——這些情緒會累積在其他情緒之下。

首先，母親完全變了，如果她是高敏人的話，更是如此。她忽然愛上了小嬰兒。她忽然覺得自己和這個小小的身體連結在一起了。直到孩子獨立之前，她完全和孩子分不開了。即使孩子獨立了，她還是會很愛孩子，一輩子操心孩子。她的感覺全部受到這個巨大改變的影響，包括生育孩子、餵奶帶來的身體改變。我不認為任何女性——至少是現代女性——能夠真正準備好了接受這一點。這個改變令人震驚。還有，無論多久不回去上班，「只」當一位母親會改變她的社會認同，大部分的文化不會像尊敬其他「正規」職業那樣尊敬「母親」的角色。

但是，我要專注於另一位父母，也就是父親身上，因為父親的情緒較不為人理解，尤其如果他是高敏人的話。還有，這些議題在同性伴侶之間也會發生。感覺如何會視他們的個性以及他們在親職夥伴關係中扮演的角色而定。我會用「父親」一詞描述類似的角色。

一位高敏感父親說：

事實就是，父親也有母親有的各種感覺——同樣的喜悅、痛苦和擔憂。身為父親，可能擔心不同的事情。所有親職夥伴擔憂的事情都可能不同。大部分父親，尤其是高敏感父親，可能會和母親一樣擔心孩子的幸福。而且，父親也會感到自我認同上的巨大改變，從年輕男性中的一員，變成和家庭與孩子綁在一起的人，能夠花在朋友身上的時間變少了。如果他本來認為自己是越來越成功的音樂家、有才華的藝術家或是滑板高手，他現在認為自己是父親了。其他目標都暫時變成次要的，除非那個目標可以賺錢。

如果高敏感父親是主要賺錢養家的人，可能覺得自己寧可在家裡陪孩子，卻被迫工作時間更久。當然，母親也可能處於這種情況，但是我們通常比較理解女性的這種痛苦衝突，而不那麼理解男性。我很確信，工作時的高敏感父親常常覺得自己錯過了孩子的生活，因為經常不在家裡，回到家的時候又那麼疲倦。

父親可能對於母親照顧孩子的能力感到印象深刻，並對於她給了自己一個孩子而心存感激。但是他也可能看到疲倦、憂鬱或健康問題改變了她。他可能想要幫忙，但是她用挫折的口氣跟他說，她已經試過了，讓他覺得自己幫不上忙，或許就不再試圖幫忙了。畢竟，他看起來對她不再那麼重要了，現在的她把孩子放在她的生活核心。他可能也沒有像以前那麼多的性生活了，至少沒有像他想要的那麼多。簡言之，他很可能覺得伴侶愛孩子勝於愛他。

高敏男性經常以自己的辦事能力、覺察細節以改善工作表現的能力而自豪。現在，他的妻子比他更常做某些事情，他的表現可能因此比較沒那麼好。聽妻子的建議可能感覺像是他受到了批評。有時候，她顯得「管太多」。或許他知道這是因為她很著急，很希望他知道怎麼做，才會對他說話比較尖銳，但是這種感覺還是不好。

高敏感父親可能想要對這些感覺保持理性。他只是感覺比較強烈而已。如果他不說出來，可能會累積怨恨。如果說出來，除非他非常小心，否則一定會面對妻子的怨恨。

讓我們回到在孩子成長的各個階段，父母雙方都可能被忽視的情緒。當孩子到了學齡，會有新的議題出現，父母可能太忙，無法仔細檢視藏在表面下的情緒。例如，雙方對於如何運用多出來的自由時間可能有不同的看法，卻沒有說出來。一個人要開始事業或重新專注於事業，另一個人想要寧靜過日子。你們和老師及其他家長會有更多互動，誰要負責這些互動呢？兩人都要在場嗎？這些情況會引起什麼情緒呢？關於學校、同儕和親職價值觀（教養、雜務、可以看多久電視、用電腦、社交媒體等等議題，誰可以做最後的決定？孩子還是家長？），會有許多議題出現。這些議題都會引起情緒，雙方可能無法好好處理。

正當你們終於覺得合作愉快時，孩子到了青春期。更多親職緊急情況出現了，青少年開始不仔細思考地冒險，或是孩子有一些問題，你不確定之後是否會改善，或是可能危及他們的未來。經驗告訴我們，青少年可以讓父母手足無措。青少年也可能分化父母、征服父母。

看過五種基本問題以及可能忽視的情緒之後，讓我們開始改善關係吧。

恢復和拓展你的溝通技巧

你們的關係已經存活到現在了，所以我知道你們已經擁有一些有效技巧。但是，除非你的溝通技巧已經成為你的第二本能，在親職壓力之下，還是可能失敗。現在應該喚醒它了。

一開始，讓我們先談談你天生的同理心。高敏人特別有同理心。有時候，我們實在太忙了，或是受到過度刺激，或是沒有覺察到伴侶內在的一切。或者我們注意到了某些情緒，但是沒有注意到我們剛剛談過的整個情緒背景。你可能必須回顧關係的不同階段，檢視當時的情緒，可能現在仍然存在心底。

積極聆聽。當你真正聆聽時，不但是給伴侶的禮物，同時也滿足了他的基本人性需求。每個人都渴望關愛他的人完全了解他，尤其是在困難的時刻。積極聆聽對於覺得自己受到忽視或不被感激的伴侶，可能有魔術般的效果。你無法給他比這個更珍貴的禮物了（或許只次於收拾散落一地的樂高積木吧）。

你已經從經驗得知（但可能是出於直覺，而不是有意識的），有意義的聆聽不只是當對方說話時安靜聽他說而已。

表示你真的有在聽的一個好方法是**積極聆聽**或**回饋聆聽**。你以前可能聽說過。（重點列在下方的清單裡。）你可以找人一起練習，讓他拿著這份單子，給你回饋。你會很意外地發現自己有多麼不上道。你無需每次都做完每一項練習，但是練習得越多，你越擅長傾聽。以下說說**保持調和的「要」與「不要」**。

「要」做的事

❀ **要回饋對方的感覺，**說出他語言或非語言表達的情緒：「我聽得出來，這對你是很大的損失。」

❀ **用非語言的方式表示你有興趣。**身體往前傾，看著他。如果他說的話很重要，千萬要放下手上的事情傾聽。

❀ **用「比喻」來表達你聽懂了：**「聽起來似乎你覺得自己像個孤兒。」隱喻往往是用文字抓住感覺的最佳方式。

❀ **如果你搞錯了，要有風度。**對方可能說：「不，不是孤兒。比較像是我死了。」接受他的說法。這會讓他知道，你真的想幫忙，而不是堅持你才是對的。

❀ **如果你覺得伴侶沒有說出一切，試試看說：「還有別的嗎？」**男性尤其害怕說出脆弱的感覺。你必須用肢體語言讓他知道他很安全：身體往前傾、臉部表情柔和、微笑。有些人根本不知道自己的感覺，比高敏人需要更多的時間。

「不要」做的事

❀ **盡量少提問。**（除了那句「還有別的嗎？」）只有在漏掉了一些重要資訊，你很困惑時才提問。即使是關於對方感覺的問題（「這讓你感覺如何？」）也比回饋更沒有幫助。提問會讓對方分心，或是暗示他，你知道他的感覺如何。其他時候，提問很有幫助，但不屬於有技巧的傾聽。

❀ **不要試著勸對方不要有某種感覺，**例如：「你不應該覺得有罪惡感。」

❀ **不要說你自己的經驗。**不要說：「她也對我這樣，我知道不用覺得有罪惡感。」

❀ **表達你自己的情緒反應時要小心。**即使是「我很抱歉聽到你這樣說」也不要說。這些話可能讓對話方向改變。其實，對方光是從你仍然在傾聽，就可以感覺到你的同理心和慈悲心。

❀ **不要給建議。**除非你已經了解整個情況，並且對方主動詢問你的意見。

❀ **不要說一些哲學性的想法。**例如：「是的，父母離婚對人生會有巨大影響。」

❀ **避免陳腔濫調。**例如：「時間會治療一切。」或是：「人生就是很困難。」

小心你的好主意。高敏感父母在傾聽上，最大的障礙就是我們以為我們已經知道答案，或是一旦我們問對了問題，就會得到答案。不要讓你的直覺帶著你衝得太快。**運用純粹的同理心傾聽，直到你真正了解對方在想什麼、有什麼感覺。**當你根據很少的了解，提供看似很好的洞見時，對方可能太快同意，或是因為你並不真的了解他而生氣了。澈底傾聽會讓你了解議題真正的複雜度。即使你認為你比較懂，在提供意見之前，還是要先好好傾聽，顯示你認為伴侶值得更認真的注意。之後，用「我們」的立場，一起好好思考，將雙方的想法都列入考量。

你並不完美。大部分時候，我覺得我是滿不錯的治療師，但是有時候，我發現自己誤事了，因為我用了高度敏感的直覺，而不是用了高度敏感的傾聽。我稱之為「多重選擇」。一位母親終於讓孩子睡整夜了，我問她：「你感覺如何？你一定很高興終於成功了。但是我打賭你會擔心之後還能不能成功。花了這麼久才成功，一定很難過，是吧？」太晚了，我發現那位母親根本沒有機會告訴我**她的**感覺。積極**聆聽**才是王道。

對於比較不敏感的伴侶，你的注意聆聽——不打岔——可能特別有幫助。當我傾聽我丈夫時，他經常不經意地提到某些事情，我一聽就知道是重要的事。往往，我只需要指出來：「你在跟我說，你正在為這個決定掙扎不已。」他可能說：「好像是。我覺得……」往往，問題打開了，他看到自己在意的是什麼。而我呢，必須小心，不要用我的直覺「協助」太多。最後，是他自己讓藏在心裡深處的感覺與洞見浮出表面，我們雙方都很滿意。

處理衝突

有時候，你會不想同理你的伴侶。你太生氣了、太怨他了，甚至覺得苦澀。在善意傾聽之前，你們可能得先討論你們之間的衝突。你會發現，討論衝突需要更多的同理心。你們可能無法解決所有的衝突，但是如果你們努力改善溝通技巧的話，你們的關係會改善。網路上有很多好的工具，可以改善伴侶之間的衝突。但是我要為高敏人多說幾句。

如果伴侶沒有你敏感。面對衝突之前，你可能需要再次提醒自己身為高敏人的價值，因為這可能成為你和伴侶之間新的、更大的問題了。你可能像我們研究發現的那樣，發現親職對你而言比其他80%的人口更為困難。你的敏感有一個缺點：很容易受到過度刺激。身為父母，這個缺點可能成為最明顯的特質。想一想你還為你們的關係帶來了什麼？例如良知、了解關係需要什麼。而且，在新的情況下，或許你會注意到，你和孩子的調和、娛樂和教育孩子時你的創意、你謹慎且通常是好的決定、你的深刻思考，這些親職行為加在一起成為了整體的生命哲學。除非你對自己的價值觀和智慧有信心，你面對衝突時可能會退縮放棄。你要用自己的敏感說服對方，接受你的觀點，同時仍然維持對伴侶需求的覺察。

無論問題是什麼，很可能需要由你提出來。是的，直接面對可能讓你很激動、情緒非常強，但是你需要直接提出來，尤其是身為父母。有許多事情需要討論，身為高敏人，你的意見和優先順序很重要。所以，雖然你會很激動，試著保持平靜和尊嚴。如果有幫助的話，你甚至可以在這個問題上把伴侶多少視為你的孩子。你可能擅長處理孩子的問題。你甚至可以在心裡先想像一下你們之間的對話，想出支持自己觀點的證據，想清楚自己要說些什麼，無論伴侶說了什麼，你要如何做出回應。

另一方面，有些高敏感父母不是避免衝突，而是過於直接、過於有衝突性，遇到他們認為較不敏感的伴侶沒看到的錯誤時，會為了保護孩子，表現出極為強烈的自信。（請參考下一節提到的「緩和的開始」。）如果你有時是這樣的，請保持平靜、有尊嚴。要記得你非常善於深刻處理、覺察細節，因此當你覺得自己的感情受到傷害時，你很清楚如何傷害伴侶的感情。如此一來，你得到的只是失去他的信任，最後或許離婚。承認真實的客觀情況：「我知道你心裡有很多事情。」「我同意她的功課也是一個問題。」等等。如果是你自己的主觀真相，只有對你而言是真的，就不要說出來。

試著超越「你」訊息，甚至「我」訊息，使用**「我們」訊息**。在所有的親職關係中，目標都是團隊合作：「或許我們可以做得更好。」這可以降低羞恥感。團隊中，沒有人應該受到孤立，或受到責備。團隊合作需要外交手段：「現在，我正在擔心她會不遵守晚上回家的時間規定，但是我同意我們也應該跟她談談她的作業。或許明天晚上吃完晚飯，在她回房間看影片之前談一談。」如果伴侶脫離主題，不要拒絕討論新的議題。要尊重對方。尊重對方是獲得對方尊重的最佳途徑。但是不要放棄你心裡的想法。無論對於高敏人的你有多麼困難，你都必須直接。你需要控制害怕受到嚴厲反駁與批評的傾向。團隊成員會傾聽，但也會堅持可以改善團隊表現的事情。

有些高敏感父母發現，電子郵件或簡訊是跟較不敏感的伴侶溝通的更佳方式。這給你時間思考，改善自己的反應。對於很難當面道歉的人來說，這也是個好方法。有一對伴侶將他們的衝突錄了下來，之後可以看到實際發生了什麼。這些都是降低衝突帶給你過度刺激的方法，但是無法取代真正的互動。在真正的互動中，你可以讀到對方非語言的線索，例如說話的聲調可以傳遞真正的感覺。

要記得，伴侶中有一位是高敏人，另一位不是的話，其實可以成為非常棒的團隊。你們各自為雙方關係及親職帶來重要的元素。你需要提醒自己，擁有一位不那麼敏感的伴侶有其優點。我在《啟動高敏感的愛情天賦》中提到過。你必須接受你們兩個是不同的人，慶祝不同帶來的優點，並哀悼其中的失落。當你們不再為了個性引起的、無法改變的行為而責備彼此，就可以開始發現解決衝突的創意方法了。

兩位高敏人。伴侶也是高敏人的時候，優點更明顯，衝突也更明顯。你們兩個都想要慷慨，但是兩人都需要珍貴的休息時間。這是第一個衝突：誰更需要休息？在外上班的人還是陪孩子待在家裡的人？如果兩個人都上班呢？還有，你們兩個可能都對養育孩子有很強烈的意見，對於孩子發生了什麼的直覺不同。

如果你對高敏特質仍感到憂喜參半，可能會彼此比較，私心瞧不起伴侶，擔心孩子受到高敏特質的影響，尤其是如果你們兩個都是內向的人的話。你們可能都寧可不參與忙碌的學校社交活動，例如野餐、嘉年華會或運動比賽。你可能害怕老師或其他家長會覺得你們很奇怪，因此影響孩子的社交地位。高敏人需要有意義的工作，而這種工作往往收入不豐，因此，你們一家可能收入有限。這一切加在一起，就是「低的家庭自尊」。

如果直到現在，你們兩個都一直在避免衝突，親職可能迫使你們面對長期的怨恨、風格差異或價值。如果你們來自不同文化更是如此，甚至稍微不同的文化，例如社經地位稍微不同的中產階級也會如此。如何養育孩子本來就是重大議題，兩個高敏人以前還能夠處理彼此之間的文化差異，現在可能因為親戚給的壓力，忽然在養育孩子的議題上無法取得共識。

解決衝突的技巧

1 **使用約翰．高曼（John Gottman）稱之為「緩和的開始」的技巧。**高曼觀察過幾百對伴侶，測量他們對話時的心理狀況。如果伴侶說：「親愛的，我們需要談一談。」男性，可能是高敏人，會受到很大的刺激。這句話很嚇人。無論你知道自己想說些什麼，一開始要採用溫暖的連結。表達一些真誠的感謝，但你必須是真心感激，而不是用話術操控。或是問一些關懷的問題，然後用心傾聽：「你現在感覺如何？」當你真的講到正題時，不要忘記你的幽默感。

2 **如果討論會很長的話，找個適合的時間和地點，以免受到干擾。**身在大自然中會很有幫助。大自然可以提供宏觀，並且讓人保持清醒，尤其如果你們兩個都是高敏人的話。

3 **堅持。**如果你的伴侶不覺得需要討論，你要堅持你有心事，讓你們無法更親近，你現在需要談一談，或是約個時間談一談。對自己也要堅持，才不會雙方都「忘記」這件事了。

4 **無論問題是什麼，都要具體。**說：「我要談一談你今晚回家後發生了什麼事。可能事情很小，但是我一直無法忘掉。」不要進入籠統的問題，例如：「我們似乎不再有連結了。」不要討論過去的行為，這也很籠統：「你總是這樣。」你們要朝向未來，而不是過去。

5 **不要罵人或妄下診斷。**這樣會離題，例如：「你太有強迫症了。」「你就是邋遢。」「我覺得你會這樣是跟你媽媽學的。」不要說：「你本性就是這樣髒亂。」

6 **當一方感到過度刺激時，記得停下來。**這很重要。脈搏超過一百？你至少需要二十分鐘才能恢復過來。但是不要就這樣離開，一定要先決定好什麼時候繼續討論。

羞恥與需要

緩和的開始可以避免對方忽然害怕自己會感到羞恥。記得我在上一章說過關於羞恥感的話嗎？我們都會盡力避免感到羞恥。伴侶住在一起，最了解彼此的失敗與缺陷。當你們有了衝突，你的伴侶可能退縮，覺得自己可能面對的不只是衝突，而是你會提起他的缺點或痛處。盡可能清楚地指出這不是需要感到羞恥的事，你可以說：「這是我們兩個一直在做的事情。」「可能這就是人性吧，很普遍，可能不只是你的問題，也是我的問題。但是當你……的時候我發現自己會不高興。」注意伴侶是否開始自我防衛，這時要退後一步，再次提出肯定。

偶爾，伴侶會拒絕參與，因為他喜歡現況。如果你做的事情比較多，他為什麼要討論公平分工呢？即使在這種狀況下，**你最好還是先發現行為背後隱藏的需求，而不要直接控訴，比較容易成功。試著先談到伴侶的需求，然後才進入正題**。這是馬歇爾・盧森堡提倡的非暴力溝通的原則，我在第五章提到過。我非常推薦他的理論。我們都受到基本人類需求的主宰：安全、自主性、愛、尊敬和避免羞恥感。**無論你面對的是何種令人厭惡的行為，背後都有其需求**。

你要如何找出需求是什麼呢？你需要練習。我將試著簡單說明。

你說：「你回到家就直接去檢查電子郵件，是因為你在和我連結之前，或是幫我做事之前，需要先完成工作嗎？」這樣你是在提供機會，以了解伴侶的需求。你的提問可能讓伴侶很驚訝，原來你沒有光顧著生他的氣。你們兩人可能都難以用語言表達需求。一定要了解伴侶的需求。如果對方回答：「我希望你可以不再抱怨我傳簡訊。」或是：「你不也要做事嗎？」這**沒有**傳達到需求。如果你聽到他說：「我只是必須完成這件事。」就接近了。為什麼需要趕著完成呢？你的伴侶可能最後表示，他其實很怕你生氣，無論他們做什麼，都是因為從辦公室轉換到家庭的過程有些困難。你的伴侶以及每個人都需要在關係中得到安全感。你的伴侶可能擔心自己在辦公室是否受到尊敬。我們都需要受到尊敬。他可能害怕因為一個任務失敗而在辦公室受到責備。我們都害怕失敗與批評。你的伴侶可能覺得他們為家庭的付出沒有受到尊敬。我們都需要受到尊敬。發覺需求時，要一直保持緩和的態度，然後表達同理心。你需要了解埋在底下的需求，並肯定這個需求很正常。

長期不肯合作的原因往往是出於對自主性的需求，或是他的個體性需要受到尊重。你的目標不是伴侶因為受到威脅或獎勵而做你希望他做的事情，而是做他想做的事情，同時對溫暖、關愛（即使有時很混亂）的家庭做出貢獻。成為團隊一員是人類的基本需求。想要有自主性也是一種需求。沒有人想要被指揮來指揮去、被威脅或賄賂。他們寧可無償提供。

一旦你的伴侶覺得你真心聆聽了，請你用這種方式表達你的人類需求：「我現在需要協助，因為每天到了這個時候，同時要做晚餐和管孩子，對我來說太難了。」請注意不要說：「我需要**你的**協助。」你只是需要協助。然後你和他協商如何讓你們兩人的需求都獲得滿足。或許你可以讓伴侶回家後有十分鐘——雙方可以同意設鬧鐘——打理工作上的事務，之後，他要協助你，直到孩子上床睡覺。

避免衝突的另一個方法是，在衝突發生之前，就搞清楚自己需要什麼，才能在這個生命階段成為更快樂的人、更快樂的父母。你可以假設你的伴侶在可能的範圍內，會願意為了愛而滿足你的需要。說出你的需要，完全不要用「你」訊息，否則聽起來像是抱怨或要求，可能導致你的伴侶變得頑固或防衛。說：「我一個人在家這麼久，真的需要一些連結、一些親密感。」如果你無法獲得這份愛的禮物，問你的伴侶感覺如何，找出他的需求。也就是說，轉向同理心，而不是爭論「但是……」或做出威脅。否則，你表達需求的方式不是來自尊敬，而是想要控制對方。

你的伴侶可能回答：「我也需要和你連結。但是我必須先處理一些事情，否則我做不到。」現在雙方的需求都被公開了，你們可以決定如何處理。

無論你如何試圖避免，在任何時間點，你們之中的一個人都可能變得防衛或生氣。好像你的伴侶覺得被羞恥感打擊到了，試圖反擊。你無須用同樣的方式做出回應。最好的方法之一是放下羞恥的攻擊，說：「是啊，我有時候也會這樣。」如果一部分是你的錯，這時可以負起責任，說：「或許我應該更有耐心。」無妨承認部分罪責，只要你們可以回到真相就好。如果伴侶同意你應該更有耐性，卻不肯負起他自己的責任，你就是受到羞恥的反擊了。

最後，你們的目標是達成共識，同意兩人需要做什麼以改善現況。如果你伴侶還在傾聽的話，真心投入如何執行計畫的討論。否則的話，要更堅持。最後，你要說類似這樣的話：「你回家時，若是我沒有溫暖地和你打招呼，你可以提醒我，沒有關係。如果你沒這麼做，我可以提醒你嗎？我知道這可能看起來是一件小事，但是我覺得對於接下來的晚上會怎麼樣，是很重要的。我也知道經過了辦公室的壓力以及路上的交通，下班回家對你是很大的轉換。對我而言，則是照顧家裡一切的壓力，常常覺得都是一些無聊的雜務。有時候我會羨慕你在外面的世界裡。我並不喜歡自己的羨慕。或許你並不總是想要回家，面對家裡發生的一切。」

現在回到你們的目標：投入。「但是你是否同意努力可以改善一切？或許我們應該真心投入，做得更好一些。如果我們希望有所改變，似乎這是唯一的方法了。」

如果你聽不到對方的承諾，或是對方曾經打破過承諾，問他是不是你要求太多了。一再打破承諾是必須處理而不是忘掉的問題，但也許可以另外約個時間再談這件事。你要用「我訊息」開始談：「當你說你會做一件事卻沒有做的時候，我深深感到失望，並且不信任你，我猜我對你失去尊敬。」**不要**說：「你沒有信守承諾。」

如果過去你曾經打破承諾，要誠實地說你不覺得你做得到對方的要求，或是你無法一直做得到：「有時候我覺得脾氣不好，因為我非常累，我不知道我是否可以一直很溫暖。不過我會更努力嘗試。」

如果你的伴侶變得防衛，你甚至可以直接說：「我不是說你應該為了沒有用完美而正確的方式進家門而感到罪惡。但是你自己說你想要改善我們的關係，我們見面時如何打招呼確實可能改善關係。或許當我聽到你到了家門口，或是聽到你在走道上，我們雙方都需要停頓一下，想一想正在發生什麼事情——我們正在回到彼此身邊。」

你不想要當那個承接大部分責備的人。即使隨著時間過去，你的想法會有所改變，也要**說出你現在的想法**。如果我們真的要論輸贏的話，承認自己的情緒——包括擔憂和懷疑——會讓你覺得脆弱，但是往往能夠使你成為對話中的贏家，而不是輸家。這時，**「贏」代表著你可能更接近你要的溫暖，而不是你們兩個各自防衛、對抗羞恥和罪惡感。**

當衝突很深，看似無解時，安靜聆聽有其魔力，大部分伴侶會視此為終於被傾聽了。你也會有同樣的感覺。

安靜聆聽的方法

1 一個人說五分鐘，另一個人無論多麼不同意都完全不打岔，只負責傾聽。這是最重要的部分。你要管住自己的舌頭，什麼都不說。

2 傾聽者可以寫筆記，免得時間一到，有一大堆想要回答的事情。你會有很多話想說。你從未聽過的事情？你無法同意的話語？寫下來。只要簡單寫一點就好。你必須傾聽。如有必要，表示你需要對方暫停，讓你寫筆記。

3 如果不小心破壞了保持安靜的規定，就說這真的很困難，但值得一試。然後忘掉這個小插曲，繼續進行。

4 現在，**交換角色**。先花一點時間保持安靜，消化一下剛才發生的事。現在傾聽者負責說話，原先說話的人負責傾聽。

5. 當兩個人都有過同樣的說話時間之後，輪流說出你的回應，另一個人保持安靜地傾聽。每個人有兩分鐘。
6. 完全不要再說什麼了。一個人離開去回想一下，彼此同意半個小時後回來。然後你們可以稍稍說些話。如果衝突仍然沒有改變也**沒關係**。同意某一天再度做這件事。
7. 如果你認為伴侶沒有真正敞開心胸說話，你可以說：「還有什麼嗎？」有時候，說話的人害怕他們接下來要說的話可能對你這位高敏人而言太過分了。讓他看到你可以承受。不要哭，如果你哭了，就說：「我很好。請繼續說。」

如果傾聽者可以保持靜默，這個方法真的很有效。被迫全心全意傾聽對方完整地表達思考和感覺，然後思考並做出回饋，這可以改變一個人的想法。請記得，你可能需要重複做這個練習。我丈夫和我曾經有一個衝突，看起來無法解決，需要好幾個月的時間才能解決，但是我們重複這個練習五次，終於做到了。

積極聆聽或安靜聆聽都很棒，但是如果你沒有說出你真正的心思，則可能很危險。傾聽的人以為自己了解你，然後根據他的了解執行。與此同時，你一定會繼續退縮，最後感到絕望。這對關係並不好。如果你的伴侶願意傾聽，你卻無法說出自己的心思，你需要把主題變成「為什麼我無法說出我真正的想法？」，或是需要在治療師或諮商師面前說出自己的心思。最好是伴侶諮商師，你們兩個都在場。一位好的伴侶諮商師可以在安全的空間中，很有技巧地讓一方說出對方可能無法原諒或承受不住的事情（這就是你害怕的），卻仍能維持伴侶的關係。

心結的障礙

當人們成為父母，都會受到自己童年的影響。大家都有心結。心結就是一堆與人類生命中重要主題相關的想法、感覺、恐懼、本能、夢想以及其他一切。每個人都有心結，例如，對於金錢、威權、社交排斥、食物與吃食物、自己的性別、其他人的性別等等。有時候，心結有其獨特性：因為某次的背叛產生的嫉妒，或是小時候你只知道當一個受害者，因而產生的受害者心結。

心結是我們個性的基本構成單位，由我們的生命歷史和內在天性形成。我在《高敏感族自在心法》和《被低估的自我》中有詳盡的解釋（請見書末參考文獻）。心結造成的後果並不一定不好。你可能成為豐足的提供者、完全忠誠的伴侶、很會存錢或是保衛弱者。但是在某種意義上，你是受到驅使，而不是出於你的選擇。

往往，親職會引發之前從未出現過的、從你和你的父母相處的過去經驗產生的心結。例如，每個人都有童年和最重要照顧者之間的依附歷史。除非你努力，這個依附歷史造成的影響會持續一生。成人的依附關係有三種「風格」，或者說期待，與他們的童年經驗有關。一種風格是安全型，另外兩種缺乏安全感：焦慮型與逃避型。焦慮型來自童年不一致的愛，使得他小時候和成年後都害怕被拋棄或遭到背叛。逃避型往往來自忽視，甚至虐待，害怕依賴引起的脆弱感。這種人會想要獨立自足，常常很晚回家，或顯得「沉默堅強」，但是背後其實缺乏安全感，用迂迴的方式維持連結。我沒有看到證據顯示高敏人比一般人更缺乏安全感，但是如果高敏人缺乏安全感，可能更會受到童年依附經驗的影響。但是他們若是遇到正確的關係，也可能更容易變成安全型。我們並不確定這一點。

缺乏安全感的依附會影響各種議題，例如訓練孩子自己睡，或是把孩子放在保母家的時候，你會讓孩子哭多久。（焦慮型無法忍受孩子哭，逃避型會說：「就讓他哭吧。」）

如果你猜自己或伴侶有依附問題，因此影響了你們的關係或親職表現的話，最佳解決辦法就是找一位基於依附理論做情緒專注治療（Emotion Focused Therapy）或情緒專注伴侶治療（Emotion Focused Couples Therapy）的治療師，也可以自己閱讀相關文字。

過去發生的其他問題也可能產生親職的心結。創傷幾乎總是會產生心結。例如，當預算很緊，不能給孩子太多禮物，或是父母生病了，孩子必須多做一些家務事的時候，或許你的伴侶會覺得孩子吃一點苦是好事。而你小時候家庭經濟窘困，或是你經常被迫工作，你可能非常堅持讓孩子生活好過一些。往往，你面對的是複雜的心結。要逼孩子念書嗎？或許你的伴侶因為自己有學習障礙，不但希望而且需要孩子成為學霸，而你卻因為小時候被逼得太緊，非常想保護孩子，不要他被逼著學習。

從哪些跡象可以看出心結？

- 強烈情緒或過度理性：「這樣不合理，我可以證明。」
- 絕對性的發言，例如：「我**知道**你在外面搞七捻三。不要否認。我都看到了。」
- 極端的控訴：「你把我們的錢都**花光**了。看看這些帳單。以這種速度，我們很快得賣掉房子了。」
- 奇怪的指控：「你怎麼可以期待我讓他那樣哭？期待我跟你出門約會？你算是什麼父親啊？」
- 你覺得自己好像在戲劇中只有一種角色：遭到背叛、不在乎、給家庭帶來災難。

❀不要爭辯，不要捲入。試著保持客觀的觀察。同意你們應該談一談，但或許不是現在立刻談。

❀不要同意任何顯然不對的事情，包括伴侶的自我憎惡：「我太笨了。」你可以說：「我聽到了，但是我無法完全同意。」如果對方認為這真的是事實，你們可能會有更多爭論，但是你必須守住你自己的立場，同時傾聽。

❀不要保持沉默。沉默會被誤以為是同意或不同意。提出幾個問題讓對方有事可做：「然後發生什麼了呢？」

❀要記得你喜歡對方的是什麼。他不等於他的心結，即使此刻看似如此，或是這種事情經常發生。之後，你們要一起努力解決問題。現在，你需要照顧他非常脆弱的部分。

❀如果伴侶對自己的心結或是導致心結的經驗感到羞恥，要溫柔地和他的這個部分站在一起，例如對方真的被人拋棄或背叛過、體驗過極為貧困的生活、因為父母的過度寵愛而導致手足自殺等等。

❀熟悉防衛機制。不要把羞恥感丟回去。要說：「我知道你想要責怪我。看起來，我們之中有一個人搞錯了。」也可以加一句：「或許我們不需要決定責怪誰，只要知道未來要如何避免這種事情就好了。」

❀關鍵是：當你們兩人都冷靜、覺得有連結時，再談這個問題。這很重要，因為之後你們可以努力解決心結。不要忽視心結。一開始談一些關愛的事，然後或許帶著擔憂的口氣，但不是責怪，說：「我們昨晚都不太高興，對不對？」

❀探索一下，這件事讓人想到什麼過去：「我在想，你這輩子第一次有這種感覺是什麼時候？」這會帶你們接近問題的根源：「你爸爸真的很無情，是不是？怪不得我比你更想管教彼得的時候，你會生氣了。」

❀討論是什麼引發心結，以及之後如何避免。

❀好好傾聽之後，給心結取一個名字。如果殘酷的父親名叫海洛，下次心結被引發時，你可以說：「我在想，我們是不是進入了你的海洛心結？」

❀拿你自己的心結做例子，表示我們都有類似的情況。例如：「你知道我常常擔心彼得沒有多少玩伴。我有個『六年級還沒有什麼朋友的莎莉』心結。」

有時候，親職會讓你們之中的一個人對另一個人感到深深的失望，因此產生了新的心結。例如，你們之中，可能有一個人產生受害者心結，覺得分工極度不公平，對方還不願意承認。更常見的是，受害者心結被重新引燃，使過勞的人無法為自己發聲。閱讀下一章的時候，記得你和伴侶的心結。我們會將本章後半段提到的技巧運用在本章前半段提到的五個問題上。

第8章

再談敏感父母和伴侶

在困難問題上取得進展

讓我們回到上一章談到的親職為伴侶關係帶來的五個新問題上，之後再談如何增強同理心、處理衝突以及覺察心結的技巧。

解決關係中的問題

減少惡意時刻

當你和伴侶對彼此發火或不禮貌時，至少有三種原因：**疲倦**、**成長經驗**或**怨恨**。

你知道第一個原因。當你受到過度刺激，非常疲倦時，你會「失控」。你們兩個人都知道，易怒並非你的本質。你的伴侶會看到跡象，知道你無法控制了，會很願意幫助你，讓你休息。

因為成長經驗引起的易怒就比較難了。如果你的原生家庭中大家經常吵架、管東管西、粗魯無禮，你面對的就是長期養成的習慣。如果你們兩個都成長在這種家庭，或是你們之一教另一個人這樣做，就更糟糕了，因為兩個人都無法建立好榜樣。但是你必須控制這種行為，否則就會有易怒無禮的孩子，像你一樣的失控。

要打破成長時養成的習慣，首先必須有很強的動機。「檢查動機」（motivational interviewing）的過程牽涉到四個部分：

1 繼續現況的惡果：產生一個劣質的家庭環境。

2 繼續現況的好處：不用改變無禮的習慣，或許還可以因此而為所欲為。

3 停止習慣的壞處：其實沒有什麼壞處。

4 停止習慣的好處：提升溫暖與親密感、家庭更和樂、孩子更有禮貌。

你不需要正式地檢查動機，反正你懂得我在說什麼：讓自己檢視各種後果，否則你根本不會去做。

一旦有了動機，協助彼此打破習慣。習慣不容易停止。如果你們之中有一個人習慣易怒，選擇一個對方也需要同時打破的習慣。彼此協助的一個方式就是彼此提醒。往往，高敏人只需要提醒就夠了。

另一個選擇是獎勵和懲罰，就像對實驗室的小白鼠那樣。真的有效。例如，用一個信封放你們的娛樂基金。旁邊放個罐子，每次犯規就從信封裡拿一些錢出來，放進罐子，作為善款或存款。你可能可以想出過去用過的其他方式來打破習慣。

你的目標是對同居人保持像是在舞臺上的行為標準。好像你是別人家的客人。別人為你做任何事都要道謝，即使是非常平凡的事，例如把乾淨碗盤放到架子上。每次做錯事或造成別人不方便時就道歉，即使只是別人要進門的時候你無意間把門關上了。注意自己身體發出的聲響，不要製造髒亂。要對人好。

產生惡意的第三個原因是易怒的人內在有許多怨恨，我們接下來會討論到。

修復失望與怨恨

如果你和伴侶讓彼此失望了，就需要努力修復關係。要記得，你也可能讓對方失望了。失信和打破承諾往往是失望與怨恨的核心，必須面對。還有，失信會讓人比較不尊敬你。我不相信沒有了尊敬，還能夠有愛。以前，失信被視為不榮譽、缺乏人格的事。如有必要，你可以稱之為誤解，即使可能不是。重要的是你們協助彼此在未來保持誠信。

首先，雙方同意你們彼此之間是有承諾的，或是發生的事情是出於誤解。如果一個人覺得並無承諾，下次請努力清楚說明你認為你們都同意的事情。

你怎麼讓對方失望呢？你的敏感會讓你在面對壓力時，比80％的家長更為脆弱。這讓人失望。如果你待在家裡陪伴孩子，你會需要比別人更多的協助，有時這些協助很花錢。如果你回去上班，你在家裡所能完成的家務事，不可能和伴侶想像別人能夠完成的一樣多。你可能做過一些承諾，現在無法履行了。你的伴侶可能覺得你的敏感是很大的負擔，覺得簡直可以算是缺陷了。確實，有時候高敏真的是一個缺陷，可能導致憂鬱或焦慮。你懷疑伴侶或許私下覺得找錯人作伴了。你可能也會為了沒有被接受而覺得失望和怨恨。

除了易怒，當小事情演變成大吵架時，心中的怨恨最為明顯易見。有些人會採取被動式攻擊（例如「忘記」他們不想為對方做的事情）。或是你們之中有一個人對性或浪漫失去興趣，甚至不肯慶祝結婚紀念日了。

如果你們都覺得關係出了錯，即使不確定是為什麼出了錯，都要坐下來好好談一談。最好是用第七章描述的回饋傾聽方法，甚至用安靜傾聽方法。總之，需要找到問題的真正原因，修復深刻的傷害，而且還要同時面對親職的壓力。所以，為了讓談話更有效率，以下是你們可以問彼此的問題。《母親撫育》中列有更長的清單。確實，你可能用到整個清單上的所有問題，一次問一個問題。一位回答、一位傾聽，或是做出回饋或是保持安靜。然後另一位回答同樣的問題。

✿ 在你的想像中，有了孩子是怎樣的情況？實際上，在你們兩人身上分別發生了什麼？

✿ 出了什麼錯？請不要責怪彼此，只要說出事實或用「我」訊息：「當……的時候，我覺得……。」例如：「當孩子吵架的時候，我覺得非常挫折和無能，而且為了孩子覺得哀傷。」

✿ 你對你的生活或你的伴侶有何怨恨？

✿ 你的伴侶或生活如何讓你失望了？

✿ 你做了什麼，讓你的伴侶覺得事情更糟糕了呢？例如沒有花時間傾聽，或是刻意做了對方已經說過無效的方法？

✿ 你可能如何誤解了伴侶的動機？懶惰？無用？或是不確定如何做一件事情，卻不想自己看起來無能？不願意傾聽？為自己的批評感到羞恥？

✿ 你或伴侶的童年如何扭曲事情？

✿ 你做了什麼來改善事情？什麼看似有效？你有沒有堅持，或是慢慢停下來了？是沒時間嗎？或是其他？覺得太脆弱？太憤怒？你們兩個要如何讓事情不那麼困難呢？

- 你願意考慮伴侶治療嗎？如果不願意，為什麼？
- 不修復關係的隱藏利益是什麼？忘記自己的責任是否感覺其實很好呢？你是否在朝向分居或離婚前進？還是已經期待分居或離婚了？
- 不要承擔不屬於你的責怪，什麼真正是你的錯呢？
- 你可以道歉，請求原諒嗎？如果無法做到，為什麼？例如，你的原生家庭從來沒有人道歉。
- 你的原生家庭是否有人終生懷抱怨恨、憤怒，或是為了某位家人的不良行為而不准大家繼續與他來往？不良行為有多嚴重？慈悲和第二次機會呢？這個傳統是否影響你如何心懷怨恨？你想保持這個傳統嗎？還是你想原諒對方？

結束後，你們可以分別列出自己的怨恨與失望。**看看對方的清單，接受這就是對方面對的現實**。每個人的感覺就像氣候，是怎麼樣就是怎麼樣。氣候會改變，或許做一些安靜傾聽之後就會改變了。

注意過程中被引發的心結。用第七章描述的方法處理心結。記得，**不要和正在心結發作的人爭論，但是也不要投降或同意。讓心結跑一會兒，之後再談。**

假設你們之間已經談清楚了一些，誠實地評估一下。不要繼續爭論或責怪誰超過了這些失望與怨恨多少。或許答案是從一到十的灰階，你不見得會得到你想要的完整答案。一個月後再檢查一下。當你們兩個的問題都變得很少的時候，可能就可以撕掉或燒掉你們的清單了。

為「關係帳戶」增加存款的八個方法

當你們做了以上努力，現在要面對未來了。讀這段話給彼此聽：

> **即使伴侶覺得無法再相愛了，還是可以改變的，而且經常如此。不要灰心。如果你們兩個都願意努力，就會成功。**

把你們的關係想像成銀行存款，裡面存的是你們之間的愛、你們相處這些年累積的力量與喜悅、你們為了重新獲得彼此的愛而做出的所有努力。這些都是存款。壓力、爭吵、怨恨、失望、不肯修復都是提款。如果因為親職而有了赤字，現在就要好好存款了。要如何存款呢？

1 **定期存款。**下定決心把「負起修復關係的責任」列在你的任務清單上，如果你一向忽視了這個責任，現在就要列為第一優先了。

2 **腦力激盪存款方法。**也就是兩個人一起列出清單，先不用評估價值。「恢復每週一次的約會。」「專注於孩子獨自睡覺的訓練，我們才能有更多休息。」「不要帶工作回家。」「定出時間放下手機電腦。」一起寫這張清單就表示我們都想這麼做，本身就是存款了。

3 **計畫你們將如何不帶孩子，兩人出去玩。**你可以將嬰兒交給保母帶一個晚上或半天。如果有事，保母可以找到你。一起出去玩一夜。《母親撫育》書中認為如果孩子小於三歲，不要多於一整晚。孩子小於五歲則不要超過兩晚。如果孩子很習慣別人帶，例如祖母，也可以離開更久一點。

4 **一起做一些「新奇有趣」的事。**不用高度刺激，只要是新鮮事就好。你們應該同意試一試兩人都覺得新奇有趣的事：學習新事物（運動、語言、雙人按摩）、新的娛樂形式（歌劇、搖滾樂演唱會、運動賽事），到不同的地方走走，甚至一整天都行（探索新的步道）。我丈夫的研究充分顯示以上方法比一起去吃晚餐、看電影更有效，**可以將關係與成長和自我拓展連結在一起。**兩位都是高敏人的父母特別可能從中獲益，他們會覺得兩個人的關係是自己安靜的避風港，可以在別處拓展自我。

5 **每天問對方三個有意義的問題。**我指的不是一般的「你好嗎？」，你們不會想流於形式而沒有真正傾聽對方。「你現在真正的感覺如何？」「你有些什麼期待？」如果伴侶白天告訴你前晚發生的事，問他：「你當時感覺如何呢？」「你現在感覺如何？」然後做一些回饋傾聽。

6 **慶祝伴侶的成功。**研究顯示，這一點可以強化關係，比支持伴侶度過困難還有效。「太棒了，你＿＿＿＿（解決了那個問題；得到你應得的獎賞；讓她睡了整夜等等。」

7 **一起看描寫伴侶關係的電影。**對一般人而言，這比溝通訓練更為有效。一起看電影會暫時忘記羞恥和責怪。選一部在講伴侶關係的電影，看完別忘記一起討論。

8 **經常告訴彼此你愛他。**最重要的是，為什麼愛他。我丈夫和我出遠門的時候，為了打發時間，有時候會告訴彼此五件或十件我們真心喜歡對方的哪一點。

找到親職方法的共識

為了找到撫養孩子的共識，首先坐下來，一起列出優先目標。例如：好的人格、成就、堅毅、專業成功、經濟成功、快樂、自在、發掘真實自我、延續信仰傳統。「不選擇」本身也是一種選擇，是讓大社會的媒體和學校幫你選擇。

如果你們還沒有共識，或許是因為你的伴侶見解與你不同，並對此有很強的感覺。另一個極端則是你的伴侶根本沒有好好想過，把責任都丟給你了。但是他們還是會造成影響。要怎麼辦呢？

如果對親職風格有真正的衝突

當你和伴侶見解非常不同時，用第七章描述的積極聆聽和安靜聆聽。專注於你和伴侶的基本人性需求，例如需要為了辛苦的親職工作所造成的結果而感到驕傲、需要覺得身為父母受到尊重、需要覺得被家庭接受、需要覺得養育孩子使你成為文化的資產。有時候，衝突只是因為需要感覺到自主性和有能力，而不是被呼來喚去。

注意心結。個人心結往往受到整個文化心結的鼓勵（文化會想維持某種文化認同及傳統），或是因為個人或文化而成為受害者。你的家族以前或許沒有給你壓力，但是現在可能給你壓力。你也會想聽從他們，但是你必須決定你最主要的忠誠要放在哪裡。你和伴侶必須在如何養育孩子上有共識，其他人則可以不一定同意你們。

當你的伴侶顯得沒興趣解決問題，但是對你而言，會影響你的整個親職表現時，先從表面的日常行為著手。從日常行為逐漸往深處尋找問題的根源，再到你伴侶更深沉的價值：

「我記得你說過，你不想要一個常常大呼小叫的孩子，就像那天在餐廳裡讓你火大的那個小孩。」

你的伴侶表示同意。

下一步，你說：「所以，我想你要一個個性冷靜的孩子。我猜，這表示我們自己需要保持冷靜。我的意思是說，孩子經由模仿來學習。」舉個例子讓他看到，孩子如何模仿你的伴侶。

你也可以問伴侶，在他的想像中，孩子長大了會是什麼樣的人，然後討論要如何養育孩子，才會讓孩子成為那樣的人。或是討論你們兩個都觀察到的別人的親職方法，甚至是電視上看到的方法。聽聽看伴侶認為哪些方法好，或不那麼好。記得，在你們達成共識之前，你是在試圖幫助伴侶探索他們重視什麼。如果你聽到你不喜歡的見解，不要馬上表示不同意，要看看底下是否是你同意的價值。「聽話的孩子聽起來很棒。有什麼是你希望孩子特別聽話的事情嗎？或是任何特殊情況？」

或許你的伴侶會有興趣聽到你說：「我今天讀到，對付她發脾氣的最佳辦法是……」或者「關於她的飲食問題，我讀到有些人會把健康的食物擺在桌上，讓孩子自己選擇要吃什麼。有時候，小孩子會一整天只吃澱粉類，第二天只吃水果。你覺得艾拉也適合這樣嗎？」

如果聽起來很難，記得你是高敏人。你做得到的！

保持彈性

關於日常生活行為，你們兩人必須記得，**好的親職方法往往不只一種**。即使你認為你確實知道如何做，你的伴侶仍有權利用他自己的方法做。他也有權利犯錯或偶爾不一致。親職極為困難！你和你的伴侶在小的議題上做事方式不同也無妨。例如睡覺前，一位父母會跟孩子說更久的話，或多讀一本故事書。孩子會分辨不同，也能接受不同。

對孩子而言，差別在於你們在孩子面前如何爭辯，以及有多少大的議題尚未有共識。身為高敏感父母，你可能希望你的親職表現以及結果都很完美，因為孩子對你意義重大。但是你並不完美，你的伴侶也不完美。**保持讓愛在你們之間流動，可能比強制執行不合實際的標準，對你們和孩子更好**。伴侶想做的事情有多大的傷害性呢？多看幾小時電視是重大錯誤嗎？如果你們不同意孩子擁有玩具槍，你們之中有一個人的道德標準比較高，但是另外一個人可以讓孩子更覺得被同儕接受。或許兩種做法都有其道理。

試試以上的建議，達成某種妥協，而不是想像你們兩個是相反的兩極。或許你們可以同意，你們都不希望孩子長大以後濫用槍枝，或是不以殺戮為意！或許你們兩個都不確定要如何達到這個目標。

如果你的伴侶決心做的事，在你看來是一個錯誤，如果是小事情或是短期的，或許你可以讓伴侶試試，從中學習。如果結果證明你是對的，小心不要說：「我早就告訴你了！」如果結果證明你的伴侶找到了更好的方法，記得一定要承認他是對的。

如果你看到不好的情況，先搞清事實。往往，你看到的是很多努力之後的結果。在同樣的情況下，你又會表現得多好呢？

分擔工作

一位高敏感父母分享自己的經驗：

我的丈夫接受我的敏感，非常支持我。他鼓勵我休息，找機會減少我的工作負擔，鼓勵我不要太努力做到完美。他也很冷靜，不在乎噪音。我受不了的時候他可以接手。根據我們曾經有過的衝突，我會建議想要成為父母的高敏人，他們對於家庭和家務事的期待，比一般人更需要和伴侶達成充分的共識。

對於工作負擔達成共識會需要上一章提到的所有技巧。以下是某些特定的方式，讓事情更容易。

把所有工作都列出來。在你的清單上，每一項任務旁邊都要留下空間。

你們都要思考，你們想要做什麼，填滿整張清單。例如，包括照顧孩子的特定時間（吃飯時、睡覺前等等）、家務事（打掃、洗衣、修理、維持庭院、照顧寵物等等）、辦事（買菜、買衣服、加油等等）以及保養汽車。還有活動的計畫與溝通，弄清楚每一天大家會在哪裡、需要去哪裡；和其他家長或家族親戚計劃活動；準備慶祝活動；約門診時間，去門診看醫生；選擇學校；和教師會面；督導寫功課；經濟事務（賺錢，以及付帳單、計劃預算、投資、準備未來的大學學費等等）。最重要的是，不要疏忽了負責監督事情確實完成、做最後決定，甚至是擔憂。

第二步，在每一項的旁邊寫下通常是誰在做，或是每個人做這件事情的百分比。如果你們不同意，那就每個人都做紀錄，一整天、一週、一個月（甚至只是大家都在家的時候，記錄一個小時），看看誰做了什麼。如果有人抗議做這種清單（通常是做事較少、不想做紀錄的那個人），那麼可以一個人記錄雙方的活動，允許另一個人提出更正。除了更公平地分擔工作之外，清單本身也能夠改正行為。

解決工作負擔不均的衝突。有些衝突很簡單。你們可能發現，一個人認為是苦差事的工作，另一個人並不介意做。身為高敏人，你可能想都不用想，就覺得某些苦差事其實很好。例如，送孩子上床睡覺對你而言可能是最討厭的任務，但是你的伴侶卻覺得是最棒的任務。通常，高敏人比較喜歡安靜的工作，像是讀書給孩子聽，或是在一天中比較早、精神還沒有耗盡的時候工作。至少讓伴侶知道你喜歡做什麼。

你可能覺得輪流做無聊繁雜的事情最為公平。我的丈夫和我輪流早起，幫兒子做早餐，送他上學。如果一個人總是負責某項任務，請讓他成為專家，不要一直干預他的做法。

如果還是有衝突，用安靜傾聽來找出底層的心結：「在我的文化中，這是女人的工作。」「這完全就是性別歧視。」一定要發掘每個人的基本需求：「如果我幫嬰兒換尿布，我會無法尊敬我自己。」「如果我有需要時，丈夫都不幫忙，我會無法尊敬自己。」

最基本的是孩子的需要：「有時候，他需要換尿布，可是只有你在場。我們要怎麼處理這個問題呢？」

保持親密

保持親密可能很難，好像在逆流而上似的。家中有幼兒時，你可能必須接受只有在家庭時間裡互相交換關愛的眼神，或是擁抱一下而已。或許你們可以享受一下終於可以兩個人一起睡覺了。等到老么五六歲時，這一切都會改善很多。如果感覺問題很嚴重，或問題一直都在，請挖掘得更深。

你們在逃避彼此嗎？如果是，請回到失望與怨恨。常見的怨恨是：因為在外面上班或是在家照顧孩子，導致情緒已經枯竭疲憊了，你可能怨恨伴侶這時還對你有更多的要求。即使是一點點的休息時間也可以改變這個現象，讓你有情緒面對彼此。或許你們害怕會吵架。你可以對彼此說：「我在想，為什麼我們現在花這麼少的時間相處？」注意對方是否在逃避：「似乎，我一轉過身去，你就拿起手機。我覺得你沒有和我在一起。所以我寧可和朋友在一起。」或許你們都因為對方越來越無聊而在逃避對方。回到你的關係存款清單。如果你還沒有做這件事，現在最好趕快做。

你的工作或事業的壓力太大嗎？

❀ **付出並獲得同理心。**我在前幾章提過的那種同理心，這可以重新建立親密感。

❀ **仔細考慮優先順序。**這個人生階段（親職）其實很快會過去。令人挫折的是，大家開始養育孩子的時候，往往也正是事業往上爬的時候。如果你無法決定家庭還是事業更有價值，那就放棄其他的東西，例如友誼和嗜好。生活中除了家庭和事業之外，容不下其他了。我聽過很多父母這麼說。

❀ **當你在家時，即使時間無法很長，也要真正地在場。**在場。不要在家人面前一直傳簡訊、回覆電子郵件、講電話。如有必要，離開房間，獨自進行這些活動。這樣會強迫你花更少的時間做這些事情。

❀ **放下手機和電腦。**如有必要，讓孩子也放下科技產品。示範良好的身教。研究清楚顯示科技會干擾親密感。即使只是有手機在場，都會降低對話的深度和親密感。

❀ **刻意從職場文化轉變成家庭文化。**辦公室是成人的場所，腳步快、產能比過程重要、競爭比合作重要、強悍比脆弱重要、思考比感覺重要。試著用通勤的時間回想一下當天的工作，然後想一想你的家庭。或許給家裡打個電話，準備開始幫忙，或是看看你是否可以再獨處一會兒。一旦到家了，如果可以的話，靜心一會兒、淋浴、換上家居服，告訴自己身在哪裡、優先順序是什麼。

如果是伴侶工作壓力很大

❀ **誇獎伴侶能夠切換場域。**在過程中，你要對伴侶指出工作和家庭場域的不同，讓職場顯得只是與家庭不同，而不是更糟糕。

❀ **給伴侶一段時間轉換，而不是要求他立刻切換模式。**雙方都要清楚知道轉換的時間有多長。

❀ **欣賞伴侶處於工作模式的優點。**或許，伴侶的強悍與效率提供了身為高敏感父母的你所需要的穩定經濟。但是一直保持強悍與效率會讓人疲憊。提供一些不同的氣氛，提供伴侶值得擁有的愉悅家庭生活，而不是要求他。

另一種親密感是性關係。有了孩子之後，性生活顯然會有巨大改變。孩子剛生之後，即使是剖腹生產，母親的生殖器官和以前也不同了。此時，她的荷爾蒙讓她對性暫時失去興趣。可能在演化過程中，人類婦女生產後，如果身體有時間恢復，她和嬰兒的存活機率較佳。當她還在餵奶時，如果腹中沒有第二個胎兒正在成長，也比較好。生完孩子的頭一年裡，負責照顧嬰兒的父母往往在情緒上和身體上感到異常疲憊，性生活是他們最不感興趣的事情了。另一位伴侶需要協助照顧嬰兒和產婦，家務事也變得更多，或許還有工作上的壓力，需要證明自己有了孩子之後產能並未下降，因此可能也感到很疲憊。一定要記得這一切，否則如果你覺得自己或這段關係不再有性吸引力，感覺會很糟糕。

第一年快要結束時，你們之間的性生活應該差不多接近生孩子之前了。這對你們家庭的各方面都會很有幫助。

雖然有了孩子之後，性的親密感在某些方面確實改變了，但是其他方面並沒有改變。如果之前就有問題，問題不會就此消失，可能還變得更大，因為你們有了各種新的理由逃避性關係。在《啟動高敏感的愛情天賦》中，我描述了高敏人以及一般人性經驗的調查，我在這裡不會詳述一切，除了說：個性確實會影響一個人如何享受、體驗性生活。高敏人確實有不同的喜好，小小的事情往往可以讓我們感到性興奮。對於我們，性刺激少即是多，微妙比大辣辣來得更好，太多性刺激反而會讓我們受不了，熱情都被澆熄了。

你的伴侶應該很高興知道，你喜歡什麼、不喜歡什麼。所以，表達自己的好惡。你不會希望為了性生活不美滿而懷抱怨很和失望。

性生活沒有改變的另一點，就是一個人要的性生活比另一個人多。當你們剛剛認識的時候，年紀輕，彼此相愛，可能兩個人的性慾都很強。之後，可能變成一個人想要的性生活比另一個人要的少。在異性戀伴侶中，通常是女性要的比較少，所以我會專注於此。我想，我們必須了解，這個現象很典型。如果性生活不若伴侶希望的那麼頻繁，可能會覺得自己讓伴侶失望了，覺得自己不是一位「好女人」，特別是高敏感女性。媒體中有很多文字讓女性覺得自己沒有每天都想要性行為是一件很奇怪的事情。然而，研究顯示好的伴侶關係只需要一週一次的性關係。男性可能想要更多，但是一週一次也可以很快樂。女性可能要的更少，但是如果她願意打開自己的感覺，她的身體往往會對於一週一次的性行為產生反應。

快樂性關係的第一步可能就是接受你們性慾和個性風格的差異，明白這是正常的現象，然後用創意解決問題。《母親撫育》中有一些對雙方都很好的建議。不要忘了，想要有性行為的人總是可以自慰的。

想要較少性行為的人，需要確定自己的荷爾蒙與健康沒有問題。運動和休息極為重要。也可能你正在服用的藥物會影響性慾，抗憂鬱症藥物就會。憂鬱症未治療也會降低性慾。有些抗憂鬱症藥物不會抑制性慾，反而提升性慾，請詢問有能力的醫生。

想一想什麼可以讓你感到性興奮。女性比男性會受到更多不同影像的性刺激。高品質電影裡的情色場面可能很有幫助，或任何可以讓你興奮的事物。

然而，你必須承認自己感到興奮了，並且付諸行動才有用，這是當然的。如果你的教養讓你在性上面有所保留，可能就不會付諸行動，甚至不會有感覺。這是必須克服的事，有時候需要一而再地努力。往往，只要接觸愉悅的情色內容，你就會習以為常了，但是首先你要願意選擇接觸。

如果你童年受到性虐，可能造成一生的性困擾。盡量努力處理這個問題，相信你的伴侶可以理解。如果伴侶可以理解，你就可以獲得很不錯的療癒。畢竟，你需要知道，雖然你有這些困難，你的伴侶仍然愛你，而且這一切並不是你的錯。如果你不確定，可以問他，以獲得肯定。

結束關係：分居或離婚

我知道我的讀者可以大致分為兩種。有些高敏感父母，希望是大部分的讀者，基本上都有強韌、關愛的關係，親職挑戰讓關係出現問題，但是雙方都願意面對問題。其他高敏感父母的另一半則無法面對關係中的問題。或許這些問題原本並不明顯，直到有了孩子。親職壓力逐漸累積，直到無法忽視問題，尤其是如果影響到了孩子。

在這種情況下，你能夠做什麼呢？你只能改變自己。你能夠以身作則，或是鼓勵你的伴侶和你一起參加伴侶治療，試圖改變。但是他必須選擇改變自己。

任何關係上的問題都需要雙方共同努力，所以你必須努力改變自己。就算對方虐待你或控制你，也是你配合了才讓事情發生到現在，即使你也不過是選擇留在惡劣關係中而已。你們當初認識並相愛時或許並不是這樣的，即便是，你也選擇接受，還是愛他。仔細檢視自己，看看你在問題中扮演了什麼角色。即使你無法改變對方，即使你也不太能改變自己，只要覺察到你們的問題，對於你日後進入了另一個關係，也會有所幫助。當你改變，也會影響你的孩子，即使他們已經長大離開家了。每一位治療師都見過這種情形。

如果你的伴侶拒絕改變，你仍然可以試著懷著愛，將他放在心裡，不是作為你的伴侶，不是作為你的戀人，而是把他當成一個人，這個有著巨大問題的人，無論他自己覺察與否。問題可能來自他的過去，雖然基因也可能扮演了其中的角色。我們生來都是會愛的人，即使許多事情會阻礙我們。你可能比誰都知道伴侶的問題在哪裡，如果你用這樣的大愛面對他，甚至可能因此改變他。

人都會抗拒改變，因為改變需要首先看到自己的創傷，因此會帶來巨大的羞恥感。你的伴侶不希望你知道這些事情，但是在更深的層次，他們知道你其實都知道，因此你是那個最能夠讓伴侶感覺脆弱的人。我確信你覺得你的伴侶也能夠讓你感到羞恥。你們兩個要如何愛彼此愛得夠多，可以不引起對方的羞恥，完全接受對方的創傷，於是可以正視並開始療癒呢？這並不容易，但是或許你可以有時想一想這個理想。

另一方面，當伴侶絕對不肯改變時，你必須放棄希望，考慮分居或離婚。身為高敏人，你可能非常了解這意味著什麼，尤其是對於家庭的影響。

我想要指出大家不明白的兩點。

首先，除了愛之外，還有依附關係。當你和一個人同居，你們就有了依附關係。你們的生活以非常實際而具體的方式融合在一起。何況，你們有過好時光和壞時光，分手時，這些都會拉扯你的心。依附和愛不同，但是當關係結束時，失去依附甚至可能比失去愛更為痛苦，感覺也更為真實。到了最後，可能已經沒有了愛，但是仍然有依附，讓你覺得或許分手是錯誤的。

第二，離婚或永久的分居不見得比「為了孩子」而在一起更糟糕。即使一般而言，離婚對孩子有負面影響，但是每個家庭都不同。你們是獨特的一對，不是一般人。還有一個方法，是不要衝動行事，但是知道未來是有選擇的，可以過另一種生活，甚至可能有另一位伴侶在未來等著你。如果你對未來毫無概念就跳了進去，你或孩子都不會覺得自在。

最近這一百年當中，我們開始期待和一位同居伴侶的關係幾乎完全滿足生活的一切。過去，一個人的生活中會有許多其他關係，大部分關係會維持一輩子，許多關係則讓人滿足並感到安全——住在附近的親戚、一起工作的同事、宗教或社交俱樂部的朋友。現在，我們經常搬家，許多人的核心家庭成為唯一安全且一直都在的港灣。是的，經由科技，我們可以與遠方的人們形成許多關係，但是對於依附和愛，實際的接近仍然是重要的元素。

如果實際可以接近的只有你的伴侶，你們的關係卻無法帶給你滿足，你當然會感覺很糟糕，想要離婚，希望那個位置可以換成別人進駐。但是，只要婚姻中不涉及家暴，你還是可以在家庭之外建立更多關係，擁有令你滿足的生活，身邊有一些朋友。伴侶也繼續待在一起，如果這樣對你們雙方比較方便和自在的話。

無論你決定怎麼做，如果你有心靈寄託，總是能夠讓無望的情況更容易承受一些，通常會有個心靈的途徑和練習。我相信高敏人本質上就很追求心靈的層次。如果你有心靈寄託，不僅在離婚的過程中可以得到撫慰，也可以帶著你遇見擁有相同信仰的人。即使你很內向，這也可以拓寬你的視野，讓你心中充滿愛，或許還能夠讓你接受自己目前的處境。人生的一切都不是無法改變的，一定會有一些改變。

> 我的婚姻中，兩個人的本質非常不同。常常，當兩個人非常互補時，可以成就許多好事。我們獲得了外在的成功，這是婚姻得以維繫十五年的原因之一。但是當我們轉向內在時，兩人都覺得天生有缺陷、被誤解、受到打擊。
>
> 自從我們開始離婚程序之後，家裡少了吼叫、多了傾聽。我很想說這是因為孩子們都不吵架，我們家很寧靜，但那是騙人的。但我可以誠實地說，我是清醒的，積極參與親職。我不覺得需要退縮。孩子跟爸爸在一起的時候，我有時間獨處。我想念孩子，但是我知道自己休息之後狀況才會最好。

我**不是**說你必須離婚才能有平和的親職表現。我**是**說，你要檢視一下，讓你覺得難以承受的感覺從何而來。你要知道，當你的自覺、休息時間、減少的衝突和對孩子的愛，這些以對的方式加總起來，你就能夠做出最佳親職表現。

結論

這一章講得很多。你可能想多讀幾次，有需要的時候再重讀一遍。

但是，單單一章無法解決所有問題，因為關係中的問題非常廣泛，牽涉到了兩個人的個性。市面上有許多好的意見，我最喜歡的參考書是約翰・高曼的《七個讓愛延續的方法》（*The Seven Principles for Making Marriage Work*）、哈維爾・亨利克（Harville Hendrix）寫的《獲得你要的愛》（*Getting the Love You Want*）以及《母親撫育》中關於「培養親密關係」的三章。

我們現在抵達了旅程的終點。我見過一些讀者，但是我只能想像大部分的讀者。我的想像力很強。在我的腦海和心裡，我現在已經「認識」了你們之中的許多人。我還記得親職有多麼困難。我記得在火車站，拿起一本女性雜誌，裡面有我看過唯一一篇誠實的親職文章，標題是〈為什麼沒有人告訴我親職有多糟糕？〉。我饑渴地讀著，深有同感。

我愛我的兒子，也成功地走過來了。大部分時候，我很享受當一個母親。但是我從未忘記那篇文章的誠實。我在猜，你們之中有多少人會拿起這樣的文章閱讀。從我讀過的問卷回覆當中，我知道許多人都會。其他人則是天生當父母的個性。無論如何，祝福你，親職是世界上最困難，也是最有價值的工作了。

謝辭

這本書能夠完成，要感謝瑪奇・塔莉（Marki Talley）。我從二〇一二年就開始寫這本書了！我請她督促我完成，她慢慢地、有耐性地堅持督促。她也承擔了許多編輯和排版的責任，以及指出任何需要注意的內容。

本書的完成也要感謝許多人的貢獻。我發出電子郵件，請大家提供身為高敏感父母的親身經驗，有些人的回應很長。我也要感謝做了網路問卷的父母（包括高敏人和一般人，以提供比較）。

從一九九〇年開始的「高敏感」旅程中，我非常感激丈夫愛的支持。在親職研究上，我們大家都得感謝他優秀的數據分析和他堅持將我們的研究發表在專業期刊上，使得感官處理敏感度（sensory processing sensitivity，這是高敏感的科學名稱，又稱為

「高環境敏感度」）之研究有了正當性。以本書主題來說，感官處理敏感度顯然影響了親職表現。

我的經紀人貝西．安姆斯特（Betsy Amster）一直是我的得力助手，廣泛接觸出版界，處理所有的出版細節。沒有她，我無法完成本書的出版。有了她，我只需要在文件上簽字就行了。

我要為肯辛頓出版社（Kensington Publishing）歡呼。我的第一本書《高敏感族自在心法》（*The Highly Sensitive Person*）就是他們出版的。現在好像回娘家似的。這次我更了解我的出版者了，他們是北美洲唯一的家族出版事業，規模排名第六，僅次於五大出版商（The Big Five）。在肯辛頓，大家都是一家人，無論是否真的有血緣關係。大部分的人都在公司多年，這個現象在出版界和大部分的大公司都很少見。他們喜歡和彼此相處，才會留下來。他們和其他幫我出書的業者不同，是真心歡迎我加入他們的大家庭。當我打電話到肯辛頓，都是真人接電話！

謝謝你，肯辛頓。尤其是我的編輯米克拉．漢米爾頓（Michaela Hamilton），以及負責國外發行的賈姬．迪納斯（Jackie Dinas），她讓我的第一本書以三十種文字（或者更多？我已經數不清了）在世界各地出版。

最後，我要感謝所有的高敏人，雖然尚未為人父母的高敏人可能不會讀到這本書。和你們一起，我們走過了漫長而精采的旅程。我常說，就像我走在街上，大聲自言自語地說著關於高度敏感的話題，不知不覺地，身後就跟上了一大群人。我們一起發現，數字確實會產生力量——我們組成了大約20％的人口，而且像我們這樣的高敏特質在一百多個物種中都發現到了。讓我們繼續將世界變得更好，我們都有自己的路，而親職是最容易改變世界的路了。

參考文獻

內文對應頁碼

前言

21 **高敏感父母表示對孩子更能心領神會：**
Aron, Elaine N., Arthur Aron, Natalie Nardone, and Shelly Zhou. "Sensory Processing Sensitivity and the Subjective Experience of Parenting: An Exploratory Study." *Family Relations* (2019).

25 **親職表現最為成功的父母：**
Ainsworth, Mary S. "Infant–mother attachment." *American psychologist* 34, no. 10 (1979): 932.

25 **父母敏感可使孩子獲益（可有效測量），後續研究支持這個結論：**
Voort, Anja van der. "The importance of sensitive parenting: a longitudinal adoption study on maternal sensitivity, problem behavior, and cortisol secretion." PhD diss., Child and Family Studies, Institute of Education and Child Studies, Faculty of Social and Behavioural Sciences, Leiden University, 2014.

25 **調和與有反應，即使是設定合理限制的時候：** Ainsworth, 1979.

第一章

32 **在一百多個物種中都發現類似比例：**
Wolf, Max, G. Sander Van Doorn, and Franz J. Weissing. "Evolutionary emergence of responsive and unresponsive personalities." *Proceedings of the National Academy of Sciences* 105, no. 41 (2008): 15825–15830.

32 **處理資訊比別人更澈底：**
Aron, Elaine N., Arthur Aron, and Jadzia Jagiellowicz. "Sensory processing sensitivity: A review in the light of the evolution of biological responsivity." *Personality and Social Psychology Review* 16, no. 3 (2012): 262–282.

33 **在網路上調查了超過一千兩百位英語系國家的父母：** Aron et al., 2019.

[36] **一般而言，高敏感父母覺得自己的親職表現不夠好，一般父母的自我評價還比較好一些**：Branjerdporn, Grace, Pamela Meredith, Jenny Strong, and Mandy Green. "Sensory sensitivity and its relationship with adult attachment and parenting styles." *PloS one* 14, no. 1 (2019): e0209555.

[42] **支持高敏人處理資訊較為深刻的現象**：

Aron, Arthur, Sarah Ketay, Trey Hedden, Elaine N. Aron, Hazel Rose Markus, and John DE Gabrieli. "Temperament trait of sensory processing sensitivity moderates cultural differences in neural response." *Social cognitive and affective neuroscience* 5, no. 2–3 (2010): 219–226.

[42] **腦部和「更深刻」的資訊處理有關的部分**：

Jagiellowicz, Jadzia, Xiaomeng Xu, Arthur Aron, Elaine Aron, Guikang Cao, Tingyong Feng, and Xuchu Weng. "The trait of sensory processing sensitivity and neural responses to changes in visual scenes." *Social cognitive and affective neuroscience* 6, no. 1 (2010): 38–47]. The task was noticing subtle differences in photos of landscape. In the more subtle task, HSPs were processing more deeply than those without the trait.

[42] **以前的研究**：

Hedden, Trey, Sarah Ketay, Arthur Aron, Hazel Rose Markus, and John DE Gabrieli. "Cultural influences on neural substrates of attentional control." *Psychological science* 19, no. 1 (2008): 12–17. Perceptual tasks were found to be more or less difficult depending on the culture a person is from. Difficulty can be measured using magnetic resonance imagery (MRI) to see how much activity or effort is happening in various parts of the brain. Chinese people, coming from a collectivist culture, find it easier to see context—that is, whether a box with a line in it has the same or different *proportions* as another box with a line in it. (Amazing result, that culture affects subtle perceptual ability, yes?) The length of the line, however, is not their focus of attention, so a comparison of lengths of lines is more difficult for them to judge.

Americans, coming from an individualistic culture, find it easier to see individual features—whether the line in a box is the same length or different from a line in a different box. Their brains have to work harder to compare the size of the boxes. So again, even in a perceptual task, if you come from a collective culture, where social context matters, the first task is easier; coming from an individualistic culture makes the second one easier.

[44] **給研究對象看情人或陌生人的照片：**
Acevedo, Bianca P., Elaine N. Aron, Arthur Aron, Matthew Donald Sangster, Nancy Collins, and Lucy L. Brown. "The highly sensitive brain: an fMRI study of sensory processing sensitivity and response to others' emotions." *Brain and behavior* 4, no. 4 (2014): 580–594.

[44] **研究再度肯定高敏人對感官資訊的更深刻處理：**Acevedo et al., 2014.

[45] **一九九七年我和丈夫一起做的研究：**
Aron, Elaine N., and Arthur Aron. "Sensory-processing sensitivity and its relation to introversion and emotionality." *Journal of personality and social psychology* 73, no. 2 (1997): 345.

[45] **二〇〇五年的實驗：**
Aron, Elaine N., Arthur Aron, and Kristin M. Davies. "Adult shyness: The interaction of temperamental sensitivity and an adverse childhood environment." *Personality and Social Psychology Bulletin* 31, no. 2 (2005): 181–197. Immediately after, the students learned that, in fact, some had been given tests with impossible questions and others with ridiculously easy ones. However, just before they were told that, and just after the test, they took a mood checklist so that we could see how the impression they had of their results had affected those who were HSPs versus those who were not.

[45] **二〇一六年首次研究……高敏人對正負面照片的情緒反應都更強：**
Jagiellowicz, Jadzia, Arthur Aron, and Elaine N. Aron. "Relationship between the temperament trait of sensory processing sensitivity and emotional reactivity." *Social Behavior and Personality: an international journal* 44, no. 2 (2016): 185–199.

[46] **尤其是對正面照片的反應：**
Acevedo, Bianca P., Elaine N. Aron, Arthur Aron, Matthew Donald Sangster, Nancy Collins, and Lucy L. Brown. "The highly sensitive brain: an fMRI study of sensory processing sensitivity and response to others' emotions." *Brain and behavior* 4, no. 4 (2014): 580–594.

[46] **如果童年幸福更是如此：**
Acevedo, Bianca P., Jadzia Jagiellowicz, Elaine Aron, Robert Marhenke, and Arthur Aron. "Sensory processing sensitivity and childhood quality's effects on neural responses to emotional stimuli." *Clinical Neuropsychiatry* 6 (2017).

46 **陌生人或情人表現快樂、哀傷或無情緒的照片：**
The brain's mirror neurons were only discovered in the past twenty years. Initially, the discovery was made in a laboratory in Parma, Italy, where scientists used electrodes fitted into the brains of macaque monkeys to find which neurons controlled particular hand movements. They discovered what area caused a monkey to raise its hand to grasp something. But on several occasions, they found some odd firings in the brain when the monkey was sitting still and watching the scientists themselves pick up something. It took some time for the researchers to realize what was happening, that there were what they ultimately called "mirror neurons" causing the monkeys to imitate what the humans did. It took even longer to understand all of the implications. But now we know that in humans, too, when we are watching another person do something or feel something, various neurons in several areas of the brain fire in the same way as some of the neurons in the person we are observing. For more on this interesting discovery see Rizzolatti, Giacomo, and Corrado Sinigaglia. *Mirrors in the brain: How our minds share actions and emotions.* Oxford University Press, USA, 2008.

47 **最近的科學模型：**
Baumeister, Roy F., Kathleen D. Vohs, C. Nathan DeWall, and Liqing Zhang. "How emotion shapes behavior: Feedback, anticipation, and reflection, rather than direct causation." *Personality and social psychology review* 11, no. 2 (2007): 167–203]. Baumeister is famous for viewing a topic in radically new ways. In this case, he argued that contrary to the idea that emotion mainly interferes with rational thinking while making a decision or taking action, *most* emotion is felt after an event, which serves to help us remember what happened and to learn from it, making is more rational in the end.

47 **情緒促使我們思考：**Baumeister et al., 2007.

52 **有時差異極細微，例如乾草多一捆或柵欄多一根柱子：**
Jagiellowicz et al., 2010.

52 **在大的直線和橫線中找出字母 T 和 L：**
Gerstenberg, Friederike XR. "Sensory-processing sensitivity predicts performance on a visual search task followed by an increase in perceived stress." *Personality and Individual Differences* 53, no. 4 (2012): 496–500.

57 **荷蘭生物學家設計電腦程式以研究這個特質如何演化：**Wolf et al., 2008.

61 **神經傳導物質在新的母體發現：**
Leake, Rosemary D., Richard E. Weitzman, Theodore H. Glatz, and Delbert A. Fisher. "Plasma oxytocin concentrations in men, nonpregnant women, and pregnant women before and during spontaneous labor." *The Journal of Clinical Endocrinology & Metabolism* 53, no. 4 (1981): 730–733.

第二章

66 **雜亂如何影響不同敏感度的父母：**
Wachs, Theodore D. "Relation of maternal personality to perceptions of environmental chaos in the home." *Journal of Environmental Psychology* 34 (2013): 1–9.

69 **腦子也是生理器官，需要營養和休息才能恢復：**
Hanson, B. Rick, Jan Hanson, and Ricki Pollycove. *Mother Nurture: A Mother's Guide to Health in Body, Mind, and Intimate Relationships*. New York: Penguin Books, 2002.

70 **如果有兩三歲以下的孩子，有本書討論母親燃燒殆盡的現象：**
Hansen et al., 2002.

88 **擁抱的感覺很好，可以降低壓力荷爾蒙：**
Cohen, Sheldon, Denise Janicki-Deverts, Ronald B. Turner, and William J. Doyle. "Does hugging provide stress-buffering social support? A study of susceptibility to upper respiratory infection and illness." *Psychological science* 26, no. 2 (2015): 135–147.

第三章

113 **離開的時間會讓在家陪孩子的時間更為愉快：**
Bass, Brenda L., Adam B. Butler, Joseph G. Grzywacz, and Kirsten D. Linney. "Do job demands undermine parenting? A daily analysis of spillover and crossover effects." *Family Relations* 58, no. 2 (2009): 201–215.

121 **有許多專家為此……：**
Carter, Bernie. "Parenting: A glut of information." (2007): 82–84.

121 **九種氣質：**
Kurcinka, Mary Sheedy. *Raising your spirited child*. HarperCollins, 1999.

130 **敏感孩子比其他孩子更容易受到托育環境影響：**
Pluess, Michael, and Jay Belsky. "Differential susceptibility to rearing experience: The case of childcare." *Journal of child psychology and psychiatry* 50, no. 4 (2009): 396–404.

第四章

138 **面對失敗的兩種不同反應：**
Patterson, C. Mark, and Joseph P. Newman. "Reflectivity and learning from aversive events: Toward a psychological mechanism for the syndromes of disinhibition." *Psychological review* 100, no. 4 (1993): 716.

139 **一項關於做決定的研究：**
Vohs, Kathleen D., Roy F. Baumeister, Brandon J. Schmeichel, Jean M. Twenge, Noelle M. Nelson, and Dianne M. Tice. "Making choices impairs subsequent self-control: A limited-resource account of decision making, self-regulation, and active initiative." In *Self-Regulation and Self-Control*, pp. 45–77. Oxfordshire, UK: Routledge, 2018.

140 **一個人越在乎一件事情，越會思考這件事情：**Baumeister et al., 2007.

153 **你內心深處的靈魂會說什麼：**
Borysenko, Joan Z., and Gordon Dveirin. *Your Soul's Compass*. Carlsbad, CA: Hay House, Inc, 2008.

158 **談論無聊的事、技藝和天職的書：**
Jaeger, Barrie. *Making work work for the highly sensitive person*. McGraw-Hill, 2004.

→ 繁中版：《老是換工作也不是辦法：善用敏感特質，縱橫多元職場》，美商麥格羅・希爾

第五章

[174] **所有的改變都是失去，所有的失去都需要哀悼：**
Levinson, Harry. "A second career: The possible dream." *Harvard Business Review* 61, no. 3 (1983): 122–129.

[179] **高敏人比一般人有更多負面情緒，也更能覺察負面情緒：**
Brindle, Kimberley, Richard Moulding, Kaitlyn Bakker, and Maja Nedeljkovic. "Is the relationship between sensory processing sensitivity and negative affect mediated by emotional regulation?." *Australian Journal of Psychology* 67, no. 4 (2015): 214–221.

[180] **里爾克的詩句：「沒有任何感覺是絕對的」：**
Rilke, R.M., "Go to the Limits of Your Longing," line 10. In Macy, J., and A. Barrows. "Rilke's Book of Hours: Love Poems to God." (1996).

[187] **你越對你的焦慮感到焦慮，就會變得越焦慮：**
Taylor, Steven. "Anxiety sensitivity and its implications for understanding and treating PTSD." *Advances in the treatment of posttraumatic stress disorder: Cognitive-behavioral perspectives* (2004): 57–66.

[189] **非常憂鬱或壓力非常大的新手母親，強迫徵狀可能包括想要傷害孩子：**
Fairbrother, Nichole, and Sheila R. Woody. "New mothers' thoughts of harm related to the newborn." *Archives of women's mental health* 11, no. 3 (2008): 221–229.

[191] **陌生人綁架兒童的機率：**
Wolak, Janis, David Finkelhor, and Andrea J. Sedlak. "Child victims of stereotypical kidnappings known to law enforcement in 2011." *Juvenile Justice Bulletin* (2016): 1–20.

[192] **福克斯曼建議 CHAANGE 計畫：**
Foxman, Paul. *Dancing with fear: Overcoming anxiety in a world of stress and uncertainty*. Lanham, Maryland: Jason Aronson, Incorporated, 1999.

[194] **約 15% 婦女真正罹患憂鬱症，85% 出現輕微徵狀：**
Pearlstein, Teri, Margaret Howard, Amy Salisbury, and Caron Zlotnick. "Postpartum depression." *American journal of obstetrics and gynecology* 200, no. 4 (2009): 357–364.

194 **父親約 10% 表示有憂鬱現象：**
Paulson, James F., and Sharnail D. Bazemore. "Prenatal and postpartum depression in fathers and its association with maternal depression: a meta-analysis." *Jama* 303, no. 19 (2010): 1961–1969.

194 **父親也有荷爾蒙變化，不過比較大的因素是角色改變：**
Swain, James E., P. Kim, J. Spicer, S. S. Ho, Carolyn J. Dayton, A. Elmadih, and K. M. Abel. "Approaching the biology of human parental attachment: Brain imaging, oxytocin and coordinated assessments of mothers and fathers." *Brain research* 1580 (2014): 78–101.

194 **父親對孩子有同樣多的同理心：**Swain et al., 2014.

194 **在生物學上，憂鬱和焦慮像是雙胞胎……父親可能二者都有：**
Figueiredo, Bárbara, and Ana Conde. "Anxiety and depression symptoms in women and men from early pregnancy to 3-months postpartum: parity differences and effects." *Journal of affective disorders* 132, no. 1–2 (2011): 146–157.

201 **高度推薦馬歇爾・盧森堡的非暴力溝通：**
Rosenberg, Marshall. *Nonviolent communication: A language of life: Life-changing tools for healthy relationships*. Encinitas, CA: PuddleDancer Press, 2015.

→ 繁中版：《非暴力溝通：愛的語言》，光啟文化

205 **幼兒大發脾氣的前期會是比較溫和的生氣：**
Potegal, Michael, Michael R. Kosorok, and Richard J. Davidson. "Temper tantrums in young children: 2. Tantrum duration and temporal organization." *Journal of Developmental & Behavioral Pediatrics* 24, no. 3 (2003): 148–154.

206 **抱住孩子、和他說話的效果比單純等待更好：**
Solter, Aletha Jauch. *Tears and tantrums: What to do when babies and children cry*. Goleta, CA: Shining Star Press, 1998.

第七章

259 **平均而言，所有父母都覺得生了孩子之後，關係變得不那麼令人滿意：**
Luhmann, Maike, Wilhelm Hofmann, Michael Eid, and Richard E. Lucas. "Subjective well-being and adaptation to life events: a meta-analysis." *Journal of personality and social psychology* 102, no. 3 (2012): 592 This elaborate summary of the research finds that relationship quality on the average declines after the birth of first child, although general life satisfaction does not.

In another study (Tucker, Paula, and Arthur Aron. "Passionate love and marital satisfaction at key transition points in the family life cycle." *Journal of Social and Clinical Psychology* 12, no. 2 (1993): 135–147), it was found that while, yes, average marital quality declines, there is a big increase in variation after the birth, with some going up but a few more going down and up, making an average a decline.

284 **高曼觀察過幾百對伴侶：**
Gottman, John Mordechai, and Nan Silver. *The seven principles for making marriage work: A practical guide from the country's foremost relationship expert.* New York: Harmony, 2015.

→ 繁中版：《七個讓愛延續的方法：兩個人幸福過一生的關鍵秘訣》，遠流

286 **馬歇爾．盧森堡提倡的非暴力溝通的原則：**Rosenburg, 2015.

296 **你可以自己閱讀相關文字：**
Johnson, Sue. *Hold me tight: Seven conversations for a lifetime of love.* Hachette UK, 2008.

→ 繁中版：《抱緊我：扭轉夫妻關係的七種對話》，張老師文化

第八章

311 **我丈夫的研究充分顯示以上方法比一起去吃晚餐、看電影更有效：**
Reissman, Charlotte, Arthur Aron, and Merlynn R. Bergen. "Shared activities and marital satisfaction: Causal direction and self-expansion versus boredom." *Journal of Social and Personal Relationships* 10, no. 2 (1993): 243–254. 191

311 將關係與成長和自我拓展連結在一起：
Xu, Xiaomeng, Gary W. Lewandowski, and Arthur Aron. "The self-expansion model and optimal relationship development." *Positive approaches to optimal relationship development* (2016): 79–100

312 研究顯示，這一點可以強化關係，比支持伴侶度過困難還有效：
Gable, Shelly L., Courtney L. Gosnell, Natalya C. Maisel, and Amy Strachman. "Safely testing the alarm: Close others' responses to personal positive events." *Journal of Personality and Social Psychology* 103, no. 6 (2012): 963.

312 選一部在講伴侶關係的電影，看完別忘記一起討論：
Rogge, Ronald D., Rebecca J. Cobb, Erika Lawrence, Matthew D. Johnson, and Thomas N. Bradbury. "Is skills training necessary for the primary prevention of marital distress and dissolution? A 3-year experimental study of three interventions." *Journal of Consulting and Clinical Psychology* 81, no. 6 (2013): 949.

322 科技會干擾親密感：
Becker, William J., Liuba Belkin, and Sarah Tuskey. "Killing me softly: Electronic communications monitoring and employee and spouse well-being." In *Academy of Management Proceedings*, vol. 2018, no. 1, p. 12574. Briarcliff Manor, NY 10510: Academy of Management, 2018.

322 即使只是有手機在場，都會降低對話的深度和親密感：
Misra, Shalini, Lulu Cheng, Jamie Genevie, and Miao Yuan. "The iPhone effect: the quality of in-person social interactions in the presence of mobile devices." *Environment and Behavior* 48, no. 2 (2016): 275–298.

325 好的伴侶關係只需要一週一次的性關係：
Muise, Amy, Ulrich Schimmack, and Emily A. Impett. "Sexual frequency predicts greater well-being, but more is not always better." *Social Psychological and Personality Science* 7, no. 4 (2016): 295–302.

高敏感父母／依蓮・艾倫（Elaine N. Aron）著；丁凡譯. -- 初版.
-- 臺北市：遠流出版事業股份有限公司, 2020.12　　面；　公分

譯自：The Highly Sensitive Parent

ISBN 978-957-32-8907-4（平裝）

1. 親職教育　　2. 親子關係　　3. 人格心理學

528.2　　　　　　　　　　　　　109017446

親子館 A5054

高敏感父母
The Highly Sensitive Parent

作　　者　Elaine N. Aron, Ph.D., 依蓮・艾倫博士
譯　　者　丁凡

副總編輯　陳莉苓
特約編輯　丁宥榆
封面設計　季曉彤

發 行 人　王榮文
出版發行　遠流出版事業股份有限公司
100 臺北市南昌路二段 81 號 6 樓
郵　　撥　0189456-1
電　　話　2392-6899
傳　　真　2392-6658
著作權顧問　蕭雄淋律師

2020 年 12 月 1 日 初版一刷
售價新台幣 380 元
（缺頁或破損的書，請寄回更換）

遠流博識網
http://www.ylib.com e-mail:ylib@ylib.com

THE HIGHLY SENSITIVE PARENT : BE BRILLIANT IN YOUR ROLE,
EVEN WHEN THE WORLD OVERWHELMS YOU
by ELAINE N. ARON

THE
HIGHLY SENSITIVE PARENT

THE
HIGHLY
SENSITIVE
PARENT

THE
HIGHLY
SENSITIVE
PARENT

THE
HIGHLY
SENSITIVE
PARENT